スポーツウォッシング

なぜ〈勇気と感動〉は利用されるのか

nura Akira

a pilot of wisdom

はじめに

この本を手に取ってくださった方は、スポーツ観戦好きか、スポーツウォッシングという現代的な問題に関心があるか、のおそらくいずれかでしょう。そんな皆さんならよくご存じのとおり、「スポーツウォッシング」という言葉を日本でも目にするようになったのは、確か2020年の春あたりだったでしょうか。この年の夏に開催予定だった東京オリンピック・パラリンピックが新型コロナウイルス感染症の世界的蔓延《まんえん》で1年延期になった頃から、スポーツの爽やかで健康的なイメージを利用して社会に都合の悪いものを覆い隠し洗い流してしまう行為、という意味をあらわすこの用語が、ちらほらと一部の活字メディアなどで取り上げられ、少しずつ注目されるようになりました。

しかし、それからしばらくの時間が経過しても、少なくともこの日本では、スポーツウォッシングに関する考察や議論が進んでいるとはいい難い状況のようです。

たとえスポーツウォッシングという言葉に興味を抱いて、理解を少し深めようとしても、これについて記された書籍はどこを探しても見つかりません。また、スポーツチャンネルやニュース番組などでも、この切り口でテーマを取り上げて議論している気配は、まったくありません。

それならば、いっそのこと自分自身で調べ、取材を進めていきながら、この問題について考えを掘り下げてみよう。そう思って集英社新書編集部に相談してみたところから、この企画がスタートしました。

冒頭にも記したとおり、スポーツウォッシングという行為は一般に、「為政者などに都合の悪い社会の歪《ゆが》みや矛盾を、スポーツを使うことで人々の気をそらせて覆い隠す行為」と理解されています。これは稚拙な陰謀論や為にする批判のための批判などではなく、自分自身がスポーツの現場で長年取材をしてきた経験と照らし合わせてみても、実際に世界のあちらこちらで発生していることです。

では、スポーツウォッシングというものはどういうメカニズムで作用し、誰が誰に対してどのように働きかけ、これによっていったい誰にどんな弊害が生じるのか。また、スポーツの世界に関わる当事者たちは、この問題をどう捉え、どうすればどの程度どんなふうに是正していくことができると考えているのか。考え始めれば次々と湧いてくるさまざまな疑問を、スポーツ界に関わりが深く、スポーツと社会に関する深い知見を持つ人々に訊《たず》ね、また、自らの取材経験などをもとにして考察を進めてゆきました。

取材を進めてゆくにしたがい、現代社会とスポーツが接するところに生じるさまざまな問題点が、少しずつハッキリとした像を結んできました。

スポーツに政治を持ち込んではならない、と人々が言うときの〈政治〉とは、何を指しているのか。国家的プロパガンダや偏狭なナショナリズムの圧力から距離をおき、自由と可能性の象徴であるはずのスポーツが、平等な人権を求める声を政治的発言と見なして抑圧するようになっていったのはなぜなのか。行動するアスリートたちの存在を疎《うと》ましく思っているのは誰なのか。日本のアスリートたちは、どうして何も発言しようとしないのか。彼ら彼女らをそうさせている、すなわち「ひたすらスポーツに集中する」ことを求めているのはいったい誰なのか。

そこには、誰の目にもわかりやすい絶対的な巨悪が隠れているわけではありません。大きな問題から人々の気をそらし洗い流そうとする〈社会的洗濯行為《ウォッシング》〉のツールとして、爽快で愉快で痛快なスポーツが利用されるのは、スポーツに対する我々の理解が、洗濯行為をしようとする人々にとって都合のよいものになっているからです。つまり、スポーツイベントを開催する運営組織やそこで競技をするアスリートたち、それを報道するメディア、そして競技会場や家庭でスポーツを観戦する我々の、類型的で窮屈で旧態依然としたスポーツの捉え方こそがこのような洗濯行為を可能にしている、というわけです。

なぜ、そんなことになってしまうのか。では、どうすればいいのか。現代のスポーツが抱える矛盾や問題の数々と、我々がそれに向き合っていくための具体的な方法は、スポーツウォッシングの構造を解き明かす試みの第一部と、さまざまな専門家や研究者諸氏に問いを投げかけた第二部を読み進んでいただくことで、少しずつ浮き彫りになってくるでしょう。

なかでも、4年に一度の祝祭として開催される世界最大のスポーツイベント、オリンピックは、スポーツウォッシングの最も象徴的で典型的な事例です。一都市での開催がもはや不可能になりつつあるほど膨れ上がり続けている大会予算、ナショナリズムを刺激する国家枠という参戦形式の限界、その舞台で戦うアスリートたちの目的と意義。そしてそもそも、オリンピックとは現代の人間社会にとってどういう存在なのか、等々。これらの課題は各章でさまざまに問題提起され、特に元オリンピアンで日本オリンピック委員会（JOC）理事を10年間務めた山口香氏との長い一問一答では、問題の本質とこれから向かうべき方向がつまびらかにされてゆきます。

また、本書の取材過程では、日本のスポーツ報道が、たとえば欧州諸国と比較して窮屈で類型的な枠に押し込められがちな理由の一端も、少しずつ見えてきたように思います。

本書は、おそらく日本初の、そしてひょっとしたら世界でも類のない、「スポーツウォッチシング」をタイトルに冠した書籍です。

「スポーツウォッシング」を俯瞰《ふかん》的に捉えようとする本書の試みが、プロスポーツをスポーツファンがより成熟したかたちで愉《たの》しめるようになるための、そして、自分自身がプロアマを問わずスポーツに関わる際にはより良いかたちで競技にアプローチしていくための、一助になれば幸いです。

では、これから皆さんとともにスポーツウォッシングをめぐる考察をスタートすることにしましょう。

目次

第二部　スポーツウォッシングについて考える

政治ではなく人権の問題
オリンピックは各国の公金を食いつぶしていく植民地主義経済

第九章

スポーツをとりまく旧《ふる》い考えを変えるべきときがきている
――山口 香氏との一問一答――

日本の選手はなぜ自分の意見を言えないのか
政治とスポーツは切り離せるのか?
「個人の資格でもオリンピックに参加する」という日本選手はいるのか?
アスリートの姿は日本国民の映し鏡
スポーツは国家の枠組みから逃れられないのか
スポーツは、世界に変化のさざ波を起こし続けていける!
スポーツが国家やジェンダーの枠組みを超えていくために必要なこと
スポーツとオリンピックの新しいありようを考える

章扉作製・図版レイアウト／MOTHER

第一部
スポーツウォッシングとは何か

第一章　身近に潜むスポーツウォッシング

スポーツウォッシングを有名にした本

「スポーツウォッシング」という言葉を日本のオンラインニュースや新聞・雑誌など、活字メディアの記事でちらほらと目にするようになったのは、おそらく2020年頃だろうか。

目にするとはいっても、記事内では必ずといっていいほど毎回、その意味を説明する文章が添えられている。つまり、スポーツウォッシングという用語は世間の誰もが知っているほど認知度の高い用語ではなかった、ということだ。それは現在でもおそらく変わらない。

2020年頃にこの言葉を日本のメディアでも見かけるようになった理由は、2021年夏に開催された東京オリンピック・パラリンピックと、2022年の北京《ペキン》冬季オリンピックが控えていたからだろう。

この両大会は、世界全体が不安定な世情に揺れていた真っ最中に開催されたこともあって、さまざまな論点から大いに物議を醸した。東京オリンピックは開催準備期間から噴出したいくつもの不祥事に加え、新型コロナウイルス感染症が世界で蔓延し始めたために1年先送りになり、その2021年には、世界的な感染状況が沈静化していない中で大会を開催することの妥当性をめぐって世の中が大きく揺れた。

北京の冬季オリンピックでは、中国政府の抑圧的な人権政策への批判として、開会式の外交的ボイコットという手段をとる国が続出した。さらに、オリンピック閉会式の数日後、パラリンピック開会式前の2月24日にロシアがウクライナ領土へ侵略を開始したことが休戦協定に反するとして、ロシアとベラルーシのパラリンピック選手団は出場禁止処分となり、すでに現地入りしていた選手たちは大会に参加せず帰国することになった。

スポーツの熱狂で、人々の関心や意識をこれらの大会の問題から目をそらせようとしている、として用いられた言葉が、「スポーツウォッシング」だ。

この用語を説明する際には、米パシフィック大学教授で、自らもオリンピックのアメリカサッカーチーム代表という経歴を持つジュールズ・ボイコフ氏の論述が援用されることが多い。ボイコフ氏の文章は用語の定義としてとても簡潔でよくまとまっている。ここでもまず、それを引用しておこう。

「オリンピックが、開催地がスポーツ・ウォッシングをする絶好の機会になっているのは、歴史が証明している。スポーツイベントを使って、染みのついた評判を洗濯し、慢性的な問題から国内の一般大衆の注意をそらすのだ」（『オリンピック 反対する側の論理』作品社）

スポーツウォッシングという言葉は、オリンピック批判にのみ使用されるわけではもちろんない。

人々の興奮と共感と感動を集める大規模スポーツ大会のソフトパワーをテコにして、開催地に都合の悪い事実をヴェールの下へ覆い隠してしまおうとする行為には、おしなべてスポーツウォッシングという指摘があてはまるだろう。これに利用されるスポーツ大会は、ゴルフや競馬からモータースポーツ、サッカー、そしてオリンピックまでじつに多岐にわたる。また、スポーツウォッシングを使って自らに都合の悪い事実を洗い流そうとする国家や政権は、独裁国家や権威主義的体制に限ったことではない。先のボイコフ氏の著書でも、この点について端的な指摘がされている。

「民主主義社会でスポーツ・ウォッシングはジェントリフィケーション[*1]や警察の過剰な取り締まりといった不公正なプロセスからわれわれの注意をそらす。そして、人権侵害は欧

米の民主主義国でも日々起きていることなのだ」（同前）

このボイコフ氏の説明をわかりやすくいえば、「気づかないうちに誰もが日々、スポーツウォッシングにさらされている」ということだ。いつもと同じようにお気に入りの競技や選手、チームに関するニュースを愉しんでいる皆さんのすぐそばに、スポーツウォッシングはさまざまなアプローチで近寄ってくる。そしてそれは、スポーツを報道する我々メディアの前にも、ごくさりげない様子でたたずんでいる。

自分自身のこれまでの仕事を振り返ってみても、確かに思い当たるふしがある。

モータースポーツのＭｏｔｏＧＰを長く取材してきた過去を振り返ってみると、スポーツウォッシングという言葉が世に知られるようになるだいぶ以前から、この問題はずっと身近なものとして目の前にあり続けていたように思う。

そこで、本書を書き進めてゆくにあたり、自分がスポーツウォッシングを意識するようになったきっかけから、まずは話を始めてみたい。

なぜ2000年代に入って中東諸国がスポーツ招致に力を入れ始めたのか？

二輪ロードレースの世界最高峰ＭｏｔｏＧＰが中東のカタールで初開催されたのは２００４年のことだ。秋田県ほどの小さな資源国カタールの首都ドーハ郊外に建設されたルサイル・インターナショナル・サーキットで、10月2日に決勝レースが行なわれた。ちなみに、四輪レースのＦ１でも、この年の４月にバーレーンＧＰが開催されている。２００４年は中東地域にとって、いわば「モータースポーツ元年」のような年だったといっていいだろう。

この当時すでに、中東では大きなスポーツイベントがいくつも開催されていた。テニスのドバイオープンは、男子大会が１９９３年から、女子大会は２００１年から行なわれている。また、総合格闘技マニアの間で寝技世界一決定戦として知られるアブダビコンバットは１９９８年が初開催で、宇野薫《かおる》や桜井〝マッハ〟速人《はやと》たち日本人格闘家が１９９９年大会から参加した。

とはいえ、これらの競技の知名度はあくまで熱心なファンの間にとどまる程度で、大会を行なう各開催地の一般的な地理的認知は、「中東地域のどこか」という大雑把な理解からさほど脱していなかったようにも思う。

　たとえば日本では、１９９３年の「ドーハの悲劇」という言葉で、カタール国の首都名だけは広く知られていた。とはいえ、そのドーハという都市は中東のどの国にあるどれくらいの人口規模の街で、風景や風物はどんな感じなのか、という具体的な事柄については、サッカーワールドカップが２０２２年に開催された後の現在と比べると、まだかなりぼんやりとしたイメージだったはずだ。

　それでも、ＭｏｔｏＧＰが初開催される前年の２００３年には、サッカー界のスター、ガブリエル・バティストゥータがカタールリーグへ移籍したことが大きなニュースになり、地域全体は少し

MotoGPがカタールで初めて開催された2004年、レース翌日の新聞では一面トップに大きく取り上げられた。
撮影／西村 章

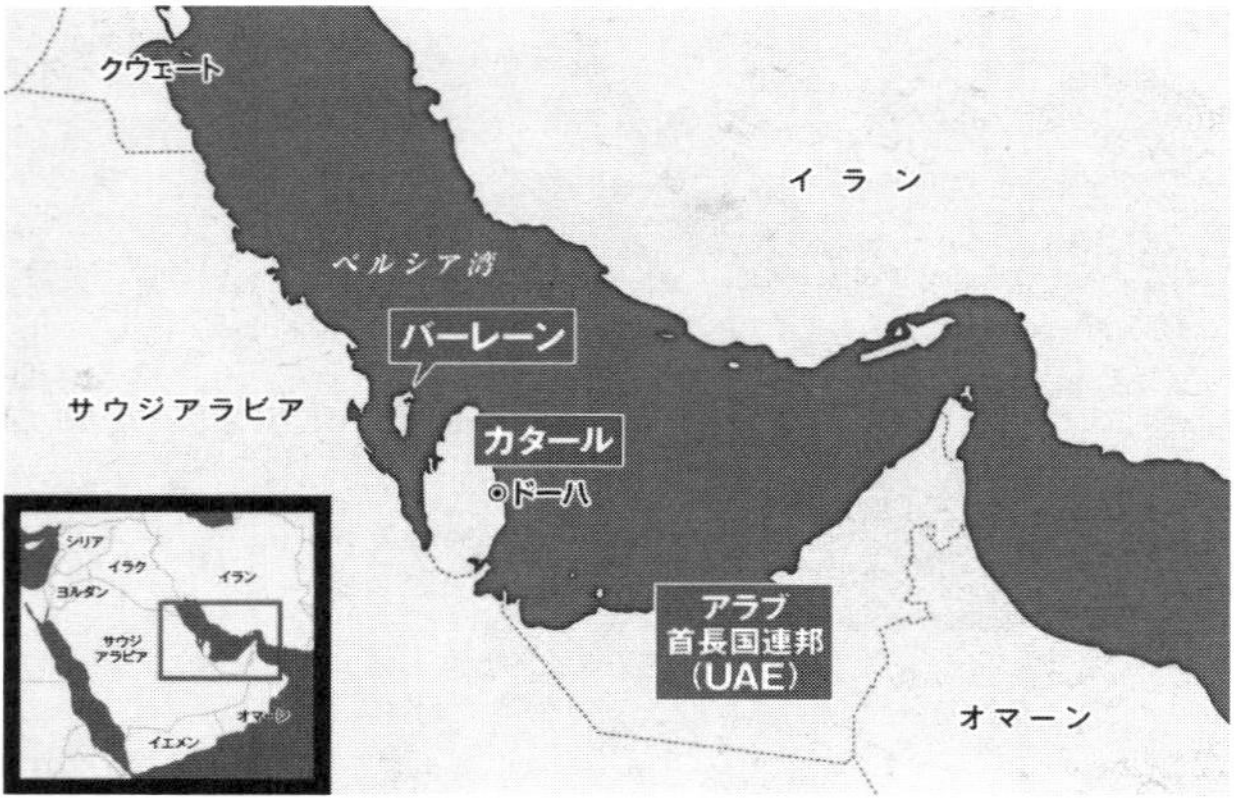

図版／海野 智

ずつ一般的な認知度を向上させてゆく途上にあった時期といえるだろう。

この時期は、カタールがバティストゥータを国内サッカーリーグに招聘《しょうへい》し、ＭｏｔｏＧＰを開催。バーレーンではＦ１初レースを実施。その後も、中東では年を追うごとにＦ１の開催地が増えていった（２０２３年は、バーレーン、アブダビ、サウジアラビア、カタールの４大会を開催。さらにクウェートが将来の新たな開催地として名乗りを上げているという話もある）。また、自転車ロードレースの世界でも、ツアー・オブ・カタールやツアー・オブ・オマーンなどのステージレースを実施。２００６年にはアジア大会をカタールの首都ドーハで開催し、それらの延長線上に、2022年のFIFAサッカーワールドカップ・カタール大会という成果がある。

このように、中東各国は21世紀になってスポーツへの投資を積極的に行なってきた。

その理由は、開催各国やイベントごとに、それぞれ独自の事情があるだろう。だが、おしなべて言えそうなことは、1990年代の湾岸戦争や2001年のアメリカ同時多発テロ、それに続くイラク戦争などで「中東のイスラム諸国」として十把《じっぱ》一絡《ひとから》げに印象づけられた政情の不安定さや、急進的で厳しい戒律という漠然としたイメージを払拭し、健康的なスポーツ競技を通じて自国に対する理解とプレゼンスを向上させようとする狙いが大きかったのだろう、と推測できる。

また、豊富な天然資源がもたらす潤沢な資金力で、贅《ぜい》を尽くした都市開発を行なうドバイが経済ニュースなどで注目を集め始めたのも、確か世紀を跨《また》いだこの時期だったと記憶する。ドバイにある世界一高いビル、ブルジュ・ハリファでトム・クルーズがノースタントのアクションを演じた人気映画『ミッション：インポッシブル／ゴースト・プロトコル』が公開されヒットしたのは2011年だ。これらの影響で、カネの力にモノを言わせて大規模開発で人工的に造成した富裕都市、という印象を持つ人も多いだろう。

カタールの首都ドーハも同様だ。２００4年にＭｏｔｏＧＰの取材で初めてドーハを訪れたときは、人口60万少々の小さな街のあちらこちらで再開発事業が進み、レンタカーで道を少し走れば、すぐに白茶けた埃《ほこり》っぽい工事現場に行き当たる、そんな風景が広がっていた。

ドーハ湾に面したアル・コーニッシュ通りはきれいに整備された広い道路で、強い陽光が水面に反射し、道路沿いに並ぶ椰子《やし》の街路樹が清潔感を美しく強調する。だが、そこから少し内陸にある環状道路から一本路地を入ると、中低所得層の人々が行き交い、街角の風情もいかにも地元風の猥雑《わいざつ》な雰囲気を強く残していた。

そんな街並みも、毎年訪れるたびに建設現場が増えて、サッカースタジアムやショッピングモールが立ち並ぶようになり、幹線道路も拡幅されて街の美化が進んでいった。街中《まちなか》の至るところで夜を徹した大がかりな工事はさらに増え続け、中心部から少し離れた郊外には西欧資本の豪奢《ごうしゃ》な高級ホテルがいくつも立ち並んでいった。

サッカーワールドカップの２０２２年開催が決定したのは２０１０年のことだったが、それ以降は街の整備と巨大建設工事にはさらに拍車がかかって、まるでシミュレーションゲームで都市がむくむくと成長してゆくタイムラプスシーンを見ているかのようだった。

現代の〝奴隷労働〟、中東の「カファラシステム」

これらの建設工事を行なうのは、インド、パキスタン、バングラデシュ、フィリピン、ネパールなどからカタールへ出稼ぎにやってくる移民労働者たちだ。カタール以外にも、サウジアラビア、UAE（アラブ首長国連邦）、クウェート、バーレーンといった湾岸諸国では、建設現場や家事に従事するこれら出稼ぎ移民労働者に「カファラシステム」という独特の制度を適用してきた。

これは、出稼ぎにやってくる労働者たちのパスポートを雇用主が預かって管理する制度で、このシステムにより、労働者は勤務先の移動や出国の自由などが制限され、有無を言わせず劣悪な条件の長時間労働に従事させられてしまうことになる。制度的に、日本の外国人技能実習生たちが置かれている苛酷な労働環境と同様の問題、といえば、日本の人々にも理解しやすいだろう。

カファラシステムには国際的な批判が強く、近年では多少の制度改善が行なわれるようにもなった。しかし、実際の運用面では根本的な解決にほど遠く、課題が山積しているというのが実情だろう。

日本では、この問題が大きく報じられることはほとんどなかった。サッカーワールドカップが目前に近づいてきた時期に、欧州のメディアや参加選手たちがこれを問題視していると伝えるようなかたちで、ようやくわずかにニュースの俎上《そじょう》に載り始めた程度だった。この問題の深刻さに対する皮膚感覚での理解や認知も、おそらく低かっただろう。NHKがカタールのネパール人労働者に続く不審死を2月頃に地上波ニュースで取り上げたのは、ある意味では画期的だったが、社会全体で広く問題意識が共有されるには至らなかった。

本稿の連載記事が集英社Webサイト〈新書プラス〉に掲載されたのは2022年6月初頭で、その際には「今年の11月に同国で始まるサッカーワールドカップの興奮と感動は、彼ら出稼ぎ労働者たちが劣悪な長時間労働を強いられ、体を壊し、命を落としていった事実をあっさりと押し流し、見えないものにしてしまうだろう。これこそがまさに、スポーツウォッシングの持つ大きな〈効能〉といっていい」と記したが、今から振り返ると、現実はまさにそのとおりの結果になったという印象が強い。

2010年代中頃のドーハ旧市街。壮麗で清潔な新市街とは異なる中東の下町然とした風景だが、現在は大きく様変わりしているかもしれない。
撮影／西村 章

実際に、4月1日に首都ドーハで行なわれた組み合わせ抽選会は、日本でもテレビや新聞・ネットニュースなどで大きく報じられた。だが、この大会で使用される会場や宿泊・輸送設備などの建設で、多くの出稼ぎ労働者たちが酷使され命を落としたことについては、まったくといっていいほど報道されなかった。これこそがまさに、日本のスポーツ報道に独特の「スポーツに政治を持ち込まない」ことを是とする〈大人の判断〉なのだろう。

ところが、FIFA（国際サッカー連盟）自身はこの抽選会に先立ち、ジャンニ・インファンティーノ会長とカタール労働大臣が会合を持ち、出稼ぎ労働者たちの労働環境が大幅に改善したことを確認する旨のプレスリリース[*2]を２０２２年３月16日付で発表している。

また、それに先立つ３月13日に同じくＦＩＦＡが発行したリリース[*3]では、国際人権ＮＧＯアムネスティ・インターナショナルや労働問題の専門家たちと、この問題についてリリースの発行翌日の14日に会議を持ち、労働環境の大きな前進と今後の課題について報告・議論する予定だ、とも発表している。自画自賛の雰囲気が非常に濃厚なこれらのプレスリリースは、現地の労働問題とそれに対する批判が強かったことを逆説的に証明している。実際に、アムネスティと並ぶ人権監視団体のヒューマンライツウォッチは、出稼ぎ労働者たちの賃金遅延や未払いがいまだに多いことを３月３日に報告している[*4]。

端的にいってしまえば、このサッカーワールドカップのために建設されたいくつもの壮麗なスタジアムも、ドーハ郊外の埋め立て地に並び立つ豪華な五つ星ホテルの群れも、そしてさらにいえば、２００４年に竣工《しゅんこう》して以来、ＭｏｔｏＧＰを連綿と開催し、やがてＦ１も行なうことになったルサイル・インターナショナル・サーキットも、これらはすべてカファラシステムによる苛酷な労働で、文字どおり彼らの健康や命と引き換えにして建設されたものなのだ。

欧米メディアでは2010年代終盤頃から報道され始めた

そしてここで自らの無知と不明を告白しなければならないのだが、これらの事実を重大な人権問題として自分自身が明確に認識するようになったのは、じつはカタールGPが始まって10年少々が経過した2010年代も半ばになった頃だった。

友人のイギリス人ジャーナリストが、カファラシステムなど重大な人権侵害に対する抗議の意思表示だとして、現地取材の「個人的ボイコット」を始めた。その際に、彼が参考資料として示したビジネスインサイダーの記事[*5]では、この段階ですでに1200人の出稼ぎ労働者がサッカースタジアム建設で命を落としていると指摘されていた。

「サーキットの行き帰りに、おんぼろトラックの荷台に大勢の作業員がすし詰めになって運ばれているのをよく見かけるだろう。あれが、パスポートを取り上げられて奴隷のように働かされている出稼ぎ労働者たちだよ」

そう指摘されてようやく、毎日何度も見かける老朽化したトラックの姿と、その荷台です詰めになっている人々、そして自分が日々取材に通うサーキットの3つが頭の中で結びついた。自分の想像力のなさと稚拙な観察力を、つくづく思い知らされた瞬間だった。

この2016年当時、スポーツウォッシングという言葉はまだ広く使われてはいなかった。スポーツのメガイベントを利用して国家がイメージ浄化を図ろうとする行為などに対して、この用語を使った批判が広く行なわれるようになるのは、2010年代後半だ。

アムネスティ・インターナショナルが、"sportswash"という語を用いて2018年サッカーワールドカップ・ロシア大会に対し「プーチン大統領の評判を浄化する行為」と批判したのが同年6月14日。[*6] 7月25日には、学術関係者や専門家のレポートをニュース記事形式で平易に解説するオピニオンウェブサイト"The Conversation"が、論説でスポーツウォッシングについて述べている。[*7]

また、イギリスの大手新聞「ガーディアン」も同年11月に、プレミアリーグ・マンチェスターシティに対するUAE企業のスポンサーシップをスポーツウォッシングだと批判するアムネスティ・インターナショナルの批判を紹介し、さらにドイツの有力週刊誌「デア・シュピーゲル」の取材記事を引用するかたちで、この企業とマンチェスターシティの

真昼のような照明のもとでMotoGPを開催するルサイル・インターナショナル・サーキット。その近くに、ワールドカップの舞台となるルサイル・アイコニック・スタジアムが建設された。 撮影／西村 章

スポンサー関係について批判的にレポートをしている。[*8]
「ガーディアン」はスポーツウォッシングの問題について精力的に取り上げているメディアで、2017年の記事では翌18年のジロ・デ・イタリア（ツール・ド・フランスなどと並ぶ自転車競技世界三大ツールのひとつ）の序盤ステージがイスラエル開催となったことにスポーツウォッシングとの批判がある、という記事を掲載。[*9]また、2019年には、サウジアラビアが巨大な資本力を背景に新たな洗濯材料としてアメリカのスポーツを狙っている、とも報じている。[*10]
注意しておきたいのは、「ガーディアン」

のこれらの記事や論説はすべてスポーツ面に掲載されている、という点だ。これは、「スポーツに政治を持ち込まない」ことをよしとする日本のスポーツメディアの〈純真無垢《むく》〉な態度とは、大きく異なる報道姿勢といっていいだろう。

スポーツウォッシングという用語が普及し始めた時期に話を戻せば、冒頭で紹介したボイコフ氏も、2018年7月にアメリカ三大テレビ局のひとつNBCのニュースウェブサイトで、ワールドカップ・ロシア大会についてスポーツウォッシングの観点から批判的論説を寄稿している。[*11] アメリカのテレビ局では、CNNも2020年の記事でスポーツウォッシングについて解説するショートムービーを製作している。[*12]

このムービーでも言及されているとおり、アゼルバイジャンの首都バクーで開催された2015年ヨーロッパ競技大会（ヨーロッパオリンピック委員会が主催する総合競技大会）が、おそらくスポーツウォッシングという言葉を用いて批判されたイベントの先駆的なケースだろう。英紙「インディペンデント」も、2015年の識者論説記事で“sportswash”という言葉を用いて、同地の大会開催を批判している。[*13]

丹念に探していけば、さらにその数年前にもスポーツウォッシングという用語の使用例はあるかもしれない。だが、いずれにせよこの概念が欧米諸国で共有され、メディアを通じてある程度広く報道されるようになっていったのは、上記の各例が示すとおり、２０１５年を過ぎた10年代後半の時期だったと考えてよさそうだ。

そして日本でも、東京オリンピックの迷走に対するボイコフ氏の批判などを契機に、２０２０年頃からスポーツウォッシングという用語とその言葉の意味する問題が、少しずつとはいえ理解され始めるようになった。

だが、批判の対象とされるスポーツウォッシング行為は、近年になっていきなり発生したわけではない。当然ながら、行為そのものは用語がこの世に登場するはるか以前から存在していた。

次章では、スポーツがスポーツウォッシングにさらされてきた歴史について、少し振り返ってみることにしたい。

註

＊1　生活地域の再開発により居住者の所得階層が上位化してゆくこと。弊害として、従来の居住階層であった中低所得者や高齢者たちの立ち退きというしわ寄せが生じることも多い。

＊2　https://www.fifa.com/about-fifa/president/media-releases/fifa-president-and-qatar-minister-of-labour-meet-to-discuss-progress-of

＊3　https://www.fifa.com/social-impact/human-rights/media-releases/fifa-to-discuss-workers-situation-in-qatar-with-amnesty-international

＊4　https://www.hrw.org/news/2022/03/03/qatar-wage-abuses-firm-world-cup-leadup

＊5　https://www.businessinsider.com/qatar-world-cup-workers-dead-2014-3?IR=T

＊6　https://www.amnesty.org/en/latest/news/2018/06/why-human-rights-matter-at-the-russia-world-cup/

＊7　https://theconversation.com/how-repressive-states-and-governments-use-sportswashing-to-remove-stains-on-their-reputation-100395

＊8　https://www.theguardian.com/football/2018/nov/10/manchester-city-amnesty-international-football-leaks

＊9 https://www.theguardian.com/sport/2017/sep/24/israel-giro-ditalia-race-conflict-2018-start-cycling

＊10 https://www.theguardian.com/sport/2019/sep/02/sportswashing-saudi-arabia-sports-mohammed-bin-salman

＊11 https://www.nbcnews.com/think/opinion/russia-s-2018-world-cup-run-over-putin-dictators-everywhere-ncna890056

＊12 https://edition.cnn.com/videos/sports/2020/04/27/sportswashing-history-saudi-arabia-newcastle-united-russia-china-football-world-cup-spt-intl.cnn

＊13 https://www.independent.co.uk/voices/comment/baku-european-games-2015-a-fearsome-pr-machine-is-using-sport-to-sweep-human-rights-under-the-carpet-10314316.html

第二章　スポーツウォッシングの歴史

最も有名なスポーツウォッシング、1936年ベルリンオリンピック

日本でも大ベストセラーになったSF小説『三体』シリーズの作者、劉慈欣《リウツーシン》の短編に「栄光と夢」という作品がある。世界から苛烈な経済封鎖を受けるシーア共和国が、ピース・ウィンドウズ・プログラムという国際的紛争解決計画に基づき、スポーツを戦争の代替手段としてアメリカとの間で二国間オリンピックを開催する、という内容だ。ちなみに劉慈欣がこの短編を脱稿した直後の2003年3月に、アメリカはイラクが大量破壊兵器を保有しているとして第二次湾岸戦争を開始している。

そして、そこから約20年が経過した現在の世界のありよう――2021年東京オリンピックと2022年北京冬季オリンピックの開催意義が議論を呼び、北京パラ大会前という休戦協定期間を無視してロシアがウクライナに仕掛けた侵略戦争が2023年現在もなお続く状況――は、約20年前に小説家の奔放な想像力が描いてみせた架空の世界像以上に、はるかに非現実的で残酷で、しかも脆弱《ぜいじゃく》な姿を露呈しているようにも思える。

スポーツが国際的紛争の解決手段として運用される「栄光と夢」の世界を持ち出すまで

もなく、大規模な国際的スポーツ大会は国家にとって恰好《かっこう》の宣伝道具として機能してきた。特にオリンピックという世界最大のアスリートたちの祭典は、スポーツの熱狂と興奮をテコにして、開催地に対する人々の印象を好意的に上書きするスポーツウォッシングを施す絶好の機会だといえる。

スポーツの政治利用は、なにも近年になって始まったことではない。ことスポーツウォッシングに関する限り、その先駆とされるのが１９３６年のベルリンオリンピックであることは、広く指摘されている。

ヒトラーとナチス政権に対しては、この大会が始まる以前から厳しい批判が向けられていた。その批判をやわらげ、自分たちの好イメージを世界へ向けて宣伝するために彼らがこのオリンピック大会をどんなふうに利用し、それがどれほど巧みに成功を収めたかについては数多くの資料がある。たとえば、アメリカ合衆国ホロコースト記念博物館のウェブサイトには、この一連の出来事に関する説明が日本語でも詳細に記載されている。関心のある方は、当該ウェブページ[*1]を参照していただきたい。

ヒトラーとナチス政権が行なったこのスポーツウォッシングに対して、当時のメディアはいとも簡単に〈洗濯〉されてしまったようだ。

「ニューヨーク・タイムズ」は「ヒトラーは今日の世界において、最高ではないとしても屈指の政治的指導者だ。ドイツ国民はさんざん悪くいわれているが、人を温かくもてなしてくれる、じつに穏やかな人びとで、世間から称賛されてしかるべきだ」（1936年8月16日）、「訪れた人びとの心に深く刻まれたのは、素晴らしい親切、細やかな思いやり、丁寧なもてなしを受けたという印象だった」（同）などの記事を掲載していたことを、ボイコフ氏は著書『オリンピック秘史』（早川書房）の中で紹介している。

余談になるが、ナチスにあまりにもあっさりと〈洗濯〉されていいように手玉に取られてしまうマスメディアの姿は、東京オリンピックが近づくにつれ礼賛報道一色に染め上げられていった2021年の日本のスポーツ報道を見ているようでもある。

スポーツをテコにして自分たちのイメージ刷新を狙ったナチス政権の策略は、上記の「ニューヨーク・タイムズ」の例が示すように、どうやら一定の成功を収めたといえそうだ。だが、すべてのメディアが必ずしも、ナチスのスポーツウォッシングに簡単に手玉に取られてしまったわけではない。

このベルリンオリンピックで最も活躍した選手のひとり、アフリカ系アメリカ人のジェシー・オーエンスは4つの種目で金メダルを獲得している。彼の活躍について、「ワシントン・ポスト」紙は「ヒトラーはアーリア人が優越民族であることを法令によって布告したが、ジェシー・オーエンスは彼が嘘《うそ》つきであることを徐々に証明しつつある」と記している。

まさに国威発揚を絵に描いたような1936年ベルリン大会。このときに人類が得た教訓を、日本のスポーツ報道はどれほど活かせているだろうか。
写真提供／ユニフォトプレス

この事例が示しているのは、大規模なスポーツ大会を利用して観戦者に一定の印象を刷り込もうとする行為は、まさにその競技の舞台でアスリートが己の卓越した能力を発揮し、己の肉体という最高の表現道具を使うことによって、その作為を反転させることができる、ということだ。

その最も象徴的な例のひとつが、１９７４年にザイール（現在のコンゴ民主共和国）で行なわれたモハメド・アリ対ジョージ・フォアマンのＷＢＡ・ＷＢＣ世界統一ヘビー級タイトルマッチ“Rumble in the Jungle”（ランブル・イン・ザ・ジャングル）、日本では「キンシャサの奇跡」の名でも知られる有名な試合だ。

アリ対フォアマンの「キンシャサの奇跡」もスポーツウォッシングだった？

チャンピオンのフォアマンは、このとき25歳。40戦40勝（37ＫＯ）の成績で、直近の8試合は第1ラウンドか第2ラウンドで終えている。まさに無敵の王者だった。

挑戦者のアリは、32歳。ベトナム戦争の徴兵を拒否したことにより統一ヘビー級王座を剝奪され、3年7ヶ月後に復帰した。今回の試合に向けてタイトル挑戦権を獲得したものの、復帰後には判定負けを喫したこともあり、すでに全盛期を過ぎたとする見方も少なくなかった。

試合は、パワーで勝るフォアマンに対し、ロープを背負って徹底的に防戦し続けたアリが第8ラウンドで逆襲へ転じ、右ストレートでフォアマンをマットに沈めて統一王座に返

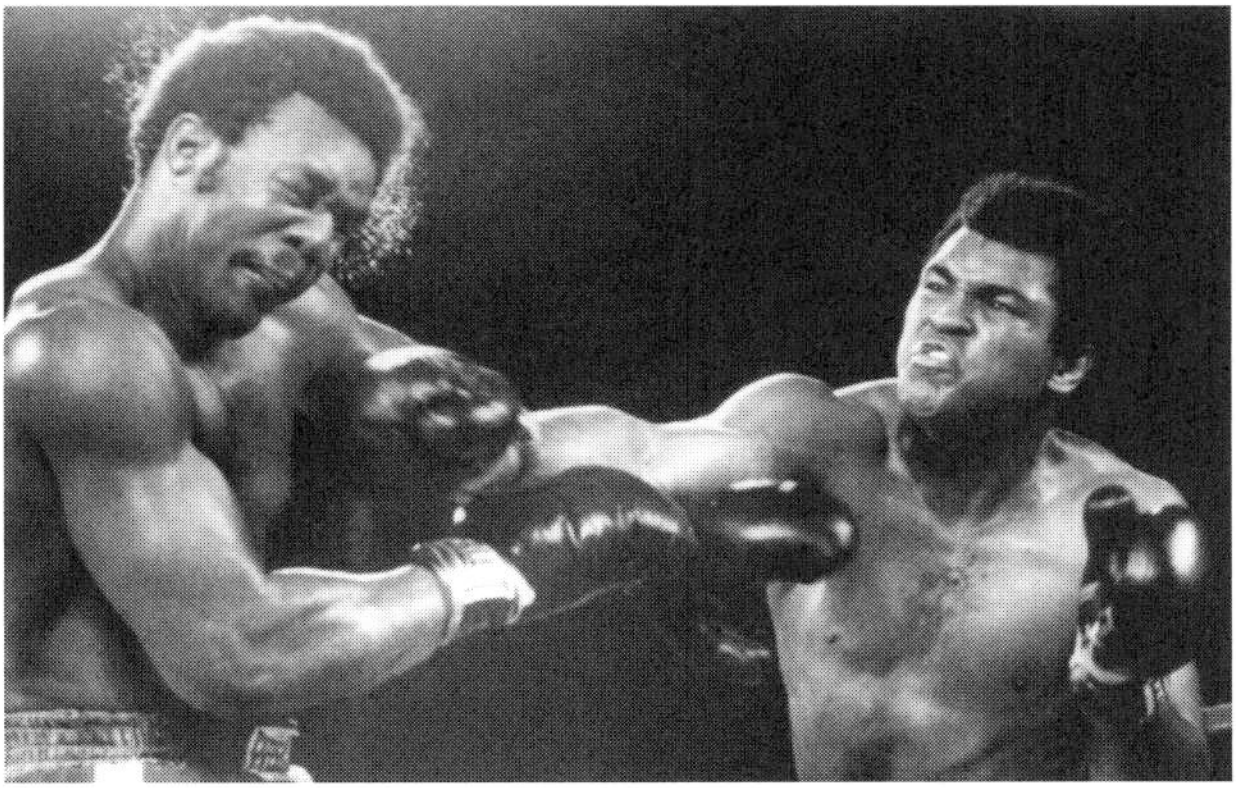

独裁国家ザイール政府が狙ったスポーツウォッシングは、アリとフォアマンの死力を尽くした名勝負の前には無力だった。　写真提供／ユニフォトプレス

り咲く、という劇的な結末になった。この試合は、20世紀のあらゆるスポーツの中でも屈指の名勝負として現在に語り継がれている。

この試合の模様と関係者の証言を収め、編集作業などに膨大な時間を費やしたドキュメンタリーフィルム『モハメド・アリ　かけがえのない日々』は、1997年のアカデミーベストドキュメンタリー映画賞や全米映画批評家協会賞を受賞した。また、2001年にウィル・スミスが主役を演じた映画『アリ』では、このフォアマンとの試合がクライマックスシーンとして描かれている。

この試合でアリとフォアマンに支払われたファイトマネーは各500万ドル（当時のレ

ートで約15億円）だったという。この莫大な費用を工面するため、プロモーターのドン・キングは、ザイールで独裁体制を敷いていたモブツ・セセ・セコ大統領に接近し、イベント開催が国威発揚につながると説得、リビアのカダフィ大佐がファイトマネーの出資に関与したという。

ドン・キング自身がこれらについてTVインタビューなどで発言した映像記録が残されており、YouTubeでも確認することができるが、これらの映像でドン・キングは詳細な経緯について明らかにはしていない。ただ、トマス・ハウザーによる評伝『モハメド・アリ　その生と時代』（岩波書店）では、アリを10代の頃からマッチメークしてきた人物の証言として「着手資金はイギリスのある企業から、残りはザイール政府から出てるんだ」という言葉を引き出している。

このように、世紀の大イベントを仕掛けたプロモーターたちの水面下の動きを見てゆくと、キンシャサで行なわれたあの名試合は、じつは（当時はそのような言葉がまだ存在していなかったけれども）スポーツウォッシングの題材としてザイール側に持ちかけられていた、ということがわかる。

しかし、このときにアリとフォアマンがザイールで試合をしたことは、モブツ大統領が独裁体制を敷くザイールのイメージアップや国際的なプレゼンス向上にはたして役立ったのだろうか。試合後の同国に対する世界的な評価が好転したわけでは特になく、国家の印象改善という意味ではおそらく、さほど大きく寄与しなかったように見える。むしろ、劇的な勝利を収めたアリの名声を高めることにのみ資する結果に終わった、といったほうがいいかもしれない。

当時と現在のメディア環境の違いやマーケティング・プロモーション技術の成熟度等々の要素も、ある程度は考慮する必要があるかもしれない。だが、なによりも、モハメド・アリという傑出した行動規範を持つ人物像の前では、スポーツウォッシングという手段は効果を発揮せずにかすんでしまい、ふたりのボクサーが繰り広げた闘いのすごみのみが試合を観《み》る人々に強い印象を残す結果になった、ということだろう。

モハメド・アリは、数々の華々しい戦績もさることながら、人間としての生きる姿勢が多くの人々に多大な影響を与えた人物だ。前掲書『モハメド・アリ　その生と時代』の原本は1990年代初期に刊行されたが、そこではジャーナリストのジャック・ニューフィールドのこんな言葉を紹介している。

「激変する世界にあって、彼は個人的に大きな変化を経験し、単に時代を反映していたというより、時代に影響を及ぼしたのだ。そして彼は生き残った。ジョン・ケネディ、ロバート・ケネディ、ジョン・レノン、マーティン・ルーサー・キング、マルコムXなど、六〇年代のほかの偉大なヒーローたちはみんな死んだ。エルヴィス・プレスリーやマリリン・モンローのような偶像たちも同じことだ。しかし、アリは生きており、それもただ肉体的に生きているだけではない。彼はあの時代を経験したすべての人の心のなかに生きているのだ」

モハメド・アリといえば、たとえば多くの人が知るこんな有名なエピソードがある。

プロに転向する直前のローマオリンピックで金メダルを獲得したアリは、そのメダルを首からさげてあるレストランに入ろうとした。しかし、黒人であるという理由で入店を拒否されてしまう。「オリンピックのメダルなど我々黒人にはなんの役にも立たない」と憤った若き日のアリは、そのメダルを川に投げ捨ててしまったという。

あまりにも有名な逸話だ。しかし、どうやらこれは事実ではなく、じつはメダルは川に投げ捨てたのではなく、何かのおりにどこかで紛失してしまった、というのが真相のようだ。

だが、重要なのは何が本当の逸話か、ということではない。このようなエピソードが真実味を帯びて人々の間で語り継がれるほど、モハメド・アリという人物は権威に対する叛《はん》骨心《こつしん》と黒人であることの自負を持って生きたアスリートだった、ということだ。だからこそ、このいかにも本当らしい逸話が実話のように世の中に広がっていった、ということなのだろう。

モハメド・アリの人物像に惹《ひ》かれて世紀の一戦ランブル・イン・ザ・ジャングルをノンフィクション作品として上梓《じょうし》したノーマン・メイラーは、その作品『ザ・ファイト』（集英社）の中で、ザイールを支配し私物化していたモブツ大統領の資産や個人崇拝を演出する様子を、刻一刻と対決のときが迫るアリ対フォアマンの後景として、仔細《しさい》かつ緻密に描写している。この克明な描写が、試合が近づく緊張感を高める抜群の演出効果を持つのは、私欲にまみれたモブツ大統領の姿に対し、アリやフォアマンのアスリートとしての生き方が鮮やかなくらい対照的だからだ。

女子サッカー選手たちがオリンピックで人種差別に抗議

この世紀の一戦に関するさまざまな記録からわかるのは、スポーツイベントを使って観る人々の印象を恣意的にある方向へ上書きしようとするスポーツウォッシングの思惑に対し、カウンターとして作用する力を最も強く持っているのは、そこで戦うほかならぬアスリートたち自身である、ということだ。

近年の例を挙げると、前章でも紹介したとおり、たとえば四輪モータースポーツの頂点F1では中東開催の大会が増加傾向にある。２０２３年は、バーレーン、カタール、サウジアラビア、アブダビの４大会が行なわれ、クウェートが将来的な開催を検討しているという報道もある。さらに付け加えれば、２０２０年にはサウジアラビアの国営石油企業アラムコがシリーズ全体を支えるスポンサーとして長期契約を締結した。この傾向に対して、人権団体などからは、人権抑圧的な傾向が強い中東諸国によるスポーツウォッシングだという批判が上がっている。

一方で、これら中東諸国で行なわれるレースでは、７回の世界タイトル獲得歴を持つルイス・ハミルトンが性的少数者の人権支援を象徴するレインボーカラーのヘルメットを被って参戦し、積極的な発言を行なうことで、むしろ啓発活動の発信機会として活用している感もある。また、4回のチャンピオンを獲得したセバスチャン・ベッテルも、レインボーカラーの衣類などを積極的に身にまとい、環境や政治問題などに対しても忌憚《きたん》のない発言を行なっている。

このハミルトンやベッテルのケースは、スポーツウォッシングに対抗するために選手たち自身が意識して活動すれば、彼らの発言や行動は大きな効果と影響力を発揮する、という好例だろう。また、彼らの行動や発言をさまざまなメディアが伝えることによって、選手たちの意思と意図を世界中の観戦者に媒介（medium）する、というメディア本来の機能が十分に果たされることの重要性もまた、見逃せない。

２０２１年の東京オリンピックでも、これに似た光景があった。

初日の種目として7月21日に行なわれた女子サッカーのイギリス対チリ、アメリカ対スウェーデンの試合で、これら４ヶ国の選手たちは試合前に片膝をピッチについて人種差別に対する抗議の意思を表明した。また、ニュージーランド対オーストラリアの試合前には、ニュージーランドの選手たちが片膝をつき、オーストラリアの選手たちは先住民アボリジニの旗を掲げて記念撮影を行なった。

7月24日に日本対イギリスの試合が行なわれた際にも、日本とイギリスの選手たちがともに、試合前にピッチに片膝をついた。この、差別反対の象徴として片膝をつく行為は、2016年にNFLでコリン・キャパニックが黒人差別反対の意思表示として、国歌斉唱の際の起立を拒否して片膝をついた行為に端を発する。これが、やがてBLM（Black Lives Matter：ブラックライブズマター）運動として世界に広がってゆくムーブメントの大きなきっかけのひとつになったことは、広く知られるところだ。

世界的な広がりと支持を集めたBLM運動がついにオリンピックの舞台にまで波紋を広げた恰好で、女子サッカー選手たちのアクションは日本の各メディアでも広く紹介されて大きな注目を集めたため、ご記憶の方も多いだろう。

とはいえ、このオリンピック女子サッカーでの出来事は、特に日本人選手や日本のスポーツ報道に関する限り、まだあくまでも例外的な事例、といったほうがいいのかもしれな

試合前、ピッチに片膝をつく日本とイギリスの女子サッカー選手たち。人種差別反対、つまり人権尊重の意思表示は「政治的行為」ではない、とＩＯＣもようやく認めた恰好だ。 写真提供／ユニフォトプレス

い。

一般的には、日本のアスリートたちがスポーツ以外の「世界の様相」に対して発言し、コミットしていくことを歓迎しない風潮は今も根強い。新聞のスポーツ面やテレビニュースのスポーツコーナーは、試合やレースの「感動」と「興奮」にのみ特化して、世の中で起きている出来事をそこから遮断し、まるで無菌室か密閉空間のようにスポーツを扱う姿勢は昨日も今日も変わらない。そしてそれは、たぶん明日も続いている。

しかし、健全な批判精神や叛骨心をないがしろにして、あまりにも無垢でナイーブ

なスポーツの偶像化にのみ集中する態度は、スポーツを使って人々の心や気持ちを〈洗濯〉しようとする作為に対して、あまりに無力だ。それどころか、むしろそのウォッシング行為を利することにすらなってしまう場合もあるだろう。

では、このスポーツウォッシングという行為は、いったいどのような機序で人々に作用をもたらしてゆくのか。次章では、そのメカニズムについて考察と検討をしてみたい。

註

＊1　https://encyclopedia.ushmm.org/content/ja/article/the-nazi-olympics-berlin-1936

第三章

主催者・競技者・メディア・ファン
四者の作用によるスポーツウォッシングのメカニズム

スポーツウォッシングを構成する4つの要素

第一章はスポーツウォッシングとはいったい何か、という概要を眺め、第二章ではスポーツがスポーツウォッシングにさらされてきた歴史について見てきた。では、そのスポーツウォッシングは、いったい誰に対してどんなふうに作用するものなのだろう。第三章では、そのメカニズムについて少し考えてみたい。

そのとっかかりとして、まずは、世界的な大型スポーツイベントと、それに関わる団体や人々を各要素別の4種類に大別し、スポーツウォッシングを仕掛ける主体との関係性について単純な構造のモデルを作成してみた。

まずは、スポーツイベントの4要素から。

スポーツイベントを構成する要素は、以下のように大きく区分できるだろう。

①　主催者／運営関係者……競技を運営し、興行をビジネスとして成立させる組織。各競技団体の統括機関（IOC：国際オリンピック委員会、FIFA：国際サッカー連盟、UC

I：国際自転車競技連合、等々）がこれに該当する。国際大会の招致や運営、コンサルティング業務などを行なうエージェント、プロモーター、各種代理店などもこの分類に入る。

②競技者／参加団体……競技の当事者でスポーツイベントの中心的存在。彼ら彼女らなくしてスポーツ興行は成立しない。

③メディア……スポーツイベントを報道する各種媒体。新聞・雑誌、放送局、オンラインメディアなど。

④消費者……観客、視聴者、読者、ファン。スポーツイベントを観賞し、それを娯楽として消費し愉しむ人々。

あらかじめ断っておくと、これらの4要素は、特に何らかのマーケティング理論やカルチュラルスタディーズの学問的知見に基づいたフレームワークではない。自分自身が取材者として長年、スポーツの現場取材を重ねていくことで感じた、あくまで体感的な経験則に基づく素人なりの分類だ。とはいえ、アマチュアのこぢんまりした競技大会であれ、世界トップクラスのプロフェッショナルアスリートが集う大規模イベントであれ、興行性を持つスポーツはすべてこれらの4要素で構成され、スポーツイベントに関わる人々はこれら4項目のいずれかにあてはめることができるように思う。

この4要素が具体的にはどのように関わり合うのか、スポーツウォッシングの典型として引き合いに出されることが多い1936年ベルリンオリンピックを例に考えてみよう。

この1936年ベルリンオリンピックの場合、大会を利用して〈洗濯〉行為を仕掛ける当事者はヒトラー率いるナチス政権だ。彼らの最終的な目標は、イベントの成功を通じて自分たちのポジティブなイメージを、世界の「④：消費者」に抱かせることにある。それを達成できれば、ナチス政権にとってベルリンオリンピックは成功を収めたことになる。

この目的達成のためには、「①：主催者／運営関係者」（この場合はIOC）による保証、つまり当該大会が真っ当で正統なものであるという、いわば〈お墨付き〉が必要だ。具体的には、その大会にIOCから主催・後援・協賛などのお墨付きを得ることで、ベルリンオリンピックというスポーツウォッシングの舞台は、社会的にも広く認められた正当な大会である、という公的な後ろ盾を得ることになる。

そして、この正当性を得た大会を実施することによって、ナチス政権は「①：主催者／運営関係者」に対する責務を果たし、同時にさまざまな事業者などにビジネスチャンスの場を提供することにもなる。

一方、「②：競技者／参加団体」は、自分たちが競技に参加することでイベントの成立を支え、大会（ナチス政権）側は「②：競技者／参加団体」に対して競技の場を提供する。

1936年ベルリンオリンピックの場合、当初はアメリカや欧州の国々がボイコットの動きを見せながらも最終的には大会に参加した。これにより、世界はベルリンオリンピックを「真っ当」なスポーツ大会だと追認する結果になった。

このベルリンオリンピックとはややニュアンスは異なるが、1980年のモスクワオリンピックと1984年のロサンゼルスオリンピックも「スポーツの政治利用」として引き合いに出されることが多い大会だ。モスクワオリンピックは、ソ連のアフガニスタン侵攻を理由にアメリカ・日本・中国・イスラム諸国など66カ国がボイコットした。4年後のロサンゼルスオリンピックでは、アメリカのグレナダ侵攻に対する抗議を理由として、ソ連と東側諸国（ブルガリア、ポーランド、チェコスロバキア、東ドイツ、ハンガリー）などが大会参加を拒否した。

この両大会は、東西冷戦下の政治的駆け引きにスポーツが利用された典型例として引き合いに出されることが多い。政治とスポーツの関係性という問題もさることながら、これらの大会では各競技の強豪選手たちが参加を見送ったことにより、本来なら世界一を競う決定戦であったはずの大会が「その金メダルは、本当に世界一の価値があるものだったのか？」という、拭い難い疑問がつきまとうことにもなった。

このように、大会の正当性は競技結果の公正さを大きく左右することにもなる。モスクワとロサンゼルスの2大会は、それを如実に示す例といっていいだろう。

「③：メディア」とスポーツウォッシングを仕掛ける主体の関係は、取材機会の提供と取材による大会宣伝のギブ・アンド・テイク、ということになるだろう。ベルリンオリンピックのメディア報道が必ずしも礼賛一色ではなかったことは前章でも紹介したとおりだが、スポーツの熱狂と選手の活躍を伝えることが、結果としてナチス政権の目論見《もくろみ》どおりに、人権抑圧や差別の事実を糊塗《こと》し押し流す大きな効果を世の中に与えてしまったことも また、事実だ。

これは、「スポーツを政治から切り離す」ことで、スポーツ報道がむしろ政治に利用される、片棒を担がされてしまうという矛盾の、まさに典型的な例といえる。新型コロナウイルス感染症のパンデミック下で2021年に開催された東京オリンピックも、いったん大会が始まってしまうと、日本のスポーツニュースは、「汗と涙と感動」の類型的な競技報道一色に染まっていった。これもまた、「スポーツに政治を持ち込まない」という大義名分を掲げることでメディアが政治に利用される結果に陥ってしまう矛盾を実証する大会になった。

「④：消費者（観客、視聴者、読者、ファン）」とスポーツウォッシングを行なう主体との関係は、スポーツ観賞の機会提供と、その消費による正当性の承認、ということができるだろう。

この関係性が強固になると、大会を利用したウォッシング行為はその目的を達成する。

ベルリンオリンピックでいえば、人々がそこで開催される数々の競技に魅了されて熱狂し、ナチス政権の所業に対する批判を「大会の盛り上がりに水を差す無粋な行為」と考えるようになれば、ウォッシング行為は完成する、というわけだ。

これこそがまさしく〈スポーツの力〉である……という言い方をするのは、やや嫌みが過ぎるだろうか。だが、「③：メディア」や「④：消費者」とスポーツウォッシングを行ないたい側の関係性という点では、似たような現象や空気感は、先に挙げたように2021年の東京オリンピックや翌年の北京冬季オリンピックの際にも漂っていたのではないか。

また、「④：消費者」や「③：メディア」に限らず、「①：主催者／運営関係者」や「②：競技者／参加団体」が毅然とした態度をとらなかったためにスポーツウォッシングを仕掛ける主体に正当性を与えてしまった近年の典型例は、2014年ソチ冬季オリンピックや2018年のFIFAワールドカップ・ロシア大会にも見ることができる。

フォーミュラEレースも事件のウォッシングに利用された?

ほかにも、たとえばこんな例がある。

「電気自動車のF1」とも呼ばれるフォーミュラEが2018年に中東のサウジアラビアで初開催されたときのことだ。同国で国際的モータースポーツ大会が興行として実施されるのはこのときが初めてで、決勝レースは12月15日に行なわれた。このときの様子が“*Blood and Oil*”（Bradly Hope & Justin Schreck：日本語版未刊行）という書籍に記されている。

この書籍は、サウジアラビアの皇太子ムハンマド・ビン・サルマーン皇太子が権力を手中に収めて、世界的に大きな影響力を持つに至る過程を丹念に取材した調査報道ノンフィクションだが、そこで指摘されているのは、首都リヤド郊外で開催されたこのフォーミュラE大会は、同国出身の反体制ジャーナリスト、ジャマル・カショギ氏がイスタンブールのサウジアラビア領事館で殺害されてからわずか2ヶ月後だった、という事実だ。

同書では、ムハンマド皇太子は、カショギ氏の暗殺報道で世界がサウジアラビアに背を向けていないことを示すために、同国初開催であるフォーミュラE大会を壮麗に演出し、世界中から数々のセレブや政財界人を招いた、と指摘している。エンリケ・イグレシアスがコンサートを行ない、イギリス人サッカー選手のウェイン・ルーニーや国際的化学企業ダウ・ケミカル元CEO等々がレースに招待されたという（同書312ページ）。

ムハンマド皇太子によるフォーミュラE大会盛り上げの真意が、はたして本当にカショギ氏暗殺報道から世界の目をそらすことにあったのかどうか。本書の記述のみを根拠にそれを断定するのは拙速だろう。だが、確認できる限りでは少なくともこのレースを報じた日本語記事はいずれも、カショギ氏の名前や2ヶ月前の事件には言及していない。この事実は、スポーツウォッシングを仕掛けようとする主体と「③：メディア」、あるいは「④：消費者」との関係や影響力を示唆する象徴的な好例かもしれない。

ちなみに、このウォッシング行為の主体をとりまく各構成要素の①〜④も、それぞれに影響を与え合う利害関係がある。「①：主催者／運営関係者」と「②：競技者／参加団体」は、参加登録と出場権の付与という関係。「②：競技者／参加団体」と「③：メディア」は、取材行為と、それによって発生する物語の提供。「③：メディア」と「④：消費者」は、情報の提供と購読・視聴による経済活動の支持。「④：消費者」と「①：主催者／運営関係者」は、競技大会（娯楽）の提供とその認知による競技人気の下支えと正当性

［図-1］スポーツウォッシングと各構成要素

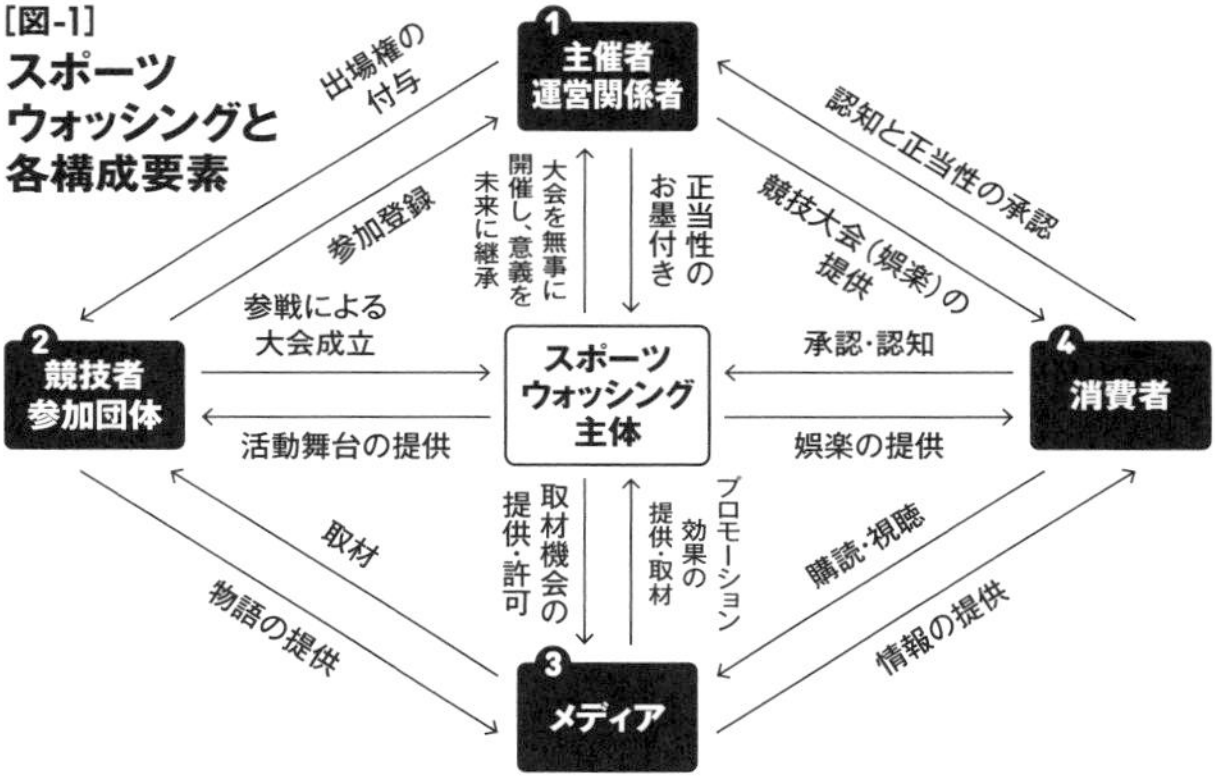

スポーツウォッシングを仕掛けようとする主体（国・組織・企業など）と、そのメガスポーツイベントにさまざまな立場から関わる当事者たちが影響を与え合う関係性は、おおむね上図のようにまとめることができる。

図版／海野 智

承認、等々。

これらスポーツイベント4要素とスポーツウォッシングの相互関係を簡単な図版にして示したものが、［図1］だ。

このように、メガスポーツイベントを〈道具〉にして洗濯行為を仕掛けようとする主体が、「①：主催者／運営関係者」「②：競技者／参加団体」「③：メディア」「④：消費者」の4要素に働きかける具体的な方法と、その働きかけを受け入れることによって上記各4要素から毀損されてゆくであろう「大切なもの」の関係はおそらく、［図2］のようになる。

［図-2］
スポーツウォッシングによって毀損されるもの

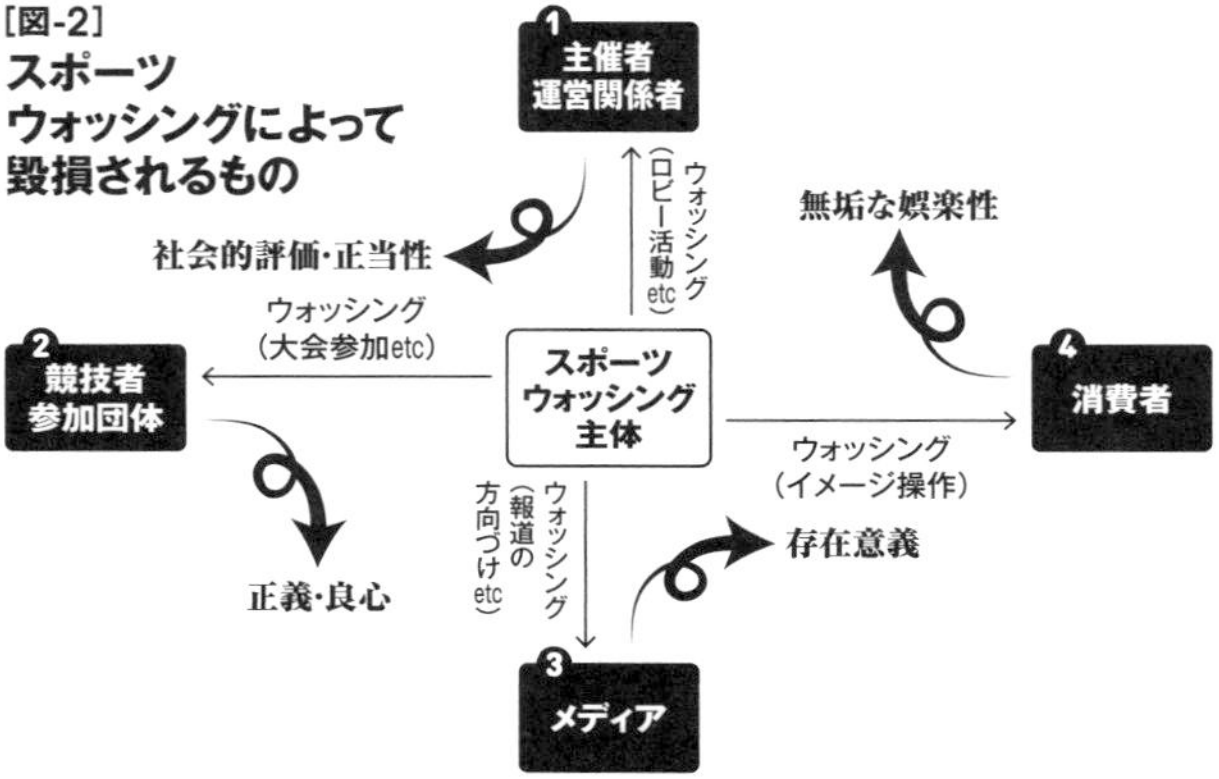

スポーツウォッシングと関わることで各当事者は多くのものを失う。そして、そこで失った信頼や存在意義、正当性の回復が容易ではないことは、東京オリンピック後に噴出したさまざまな報道からも明らかだ。 図版／海野 智

まず、スポーツウォッシング主体は「①：主催者／運営関係者」に対し、精力的な招致運動など、あの手この手を尽くしたさまざまなロビイングを行なうだろう。その際の仲介役としてコンサルティング会社などが水面下で活動することは、オリンピック招致をめぐる数々の金銭スキャンダル報道からも容易に察しがつく。

たとえば、東京オリンピック関連では、招致当時に日本オリンピック委員会（JOC）会長だった竹田恒和氏がフランス検察に起訴された件は日本でも大きく報道された。シンガポールに拠点をおくコンサルティング企業経由でセネガル人関係者へ贈賄

を行なった、とされるこの裁判では、弁護士費用約2億円をＪＯＣが負担していることも２０２１年の報道[*1]で明らかになっている。

その後、東京オリンピックのスポンサー契約などをめぐる談合汚職事件では、電通出身の組織委員会元理事やＫＡＤＯＫＡＷＡ会長などの逮捕に続き、電通グループや博報堂など大手広告会社が東京地検特捜部に起訴される事態に発展した。

このように、招致や開催に関わる不透明な金銭の授受や不公正な取引が発覚した場合はもちろん、そのスポーツ大会が露骨なウォッシング行為に利用されたと判明した場合にも、主催者／運営関係者の社会的評価に加え、大会の正当性と正統性にも大きな傷がつく。

「②：競技者／参加団体」がスポーツウォッシングに加担することで失ってしまうものも、自明だろう。自分たちがスポーツウォッシング行為に利用されることを自覚した上で参加する場合、〈政治からの独立〉という中立性を保つことは、もはや不可能になる。さらには、その大会へ参加することで積極的にウォッシング行為へ加担したという責めを負うことにもなるだろう。競技者個々人は、アスリートである以前に人間としての正義と良心を問われるかもしれない。

そのような非難や批判への反論として、「選手や競技団体は〈政治的なことから独立〉しているからこそ、競技活動はウォッシング行為と無関係で純粋なものである」という理屈で、中立性を擁護することもできなくはないだろう。

だが、そのようなアスリートの無謬性や純真無垢さを、はたして社会（すなわち「④：消費者」）は容認するのかどうか。スポーツ選手に社会の規範やロールモデルであることを求める一方で、社会的な責任を免責するのは、あまりに都合がよすぎるのではないか。そのような発想は、社会的存在としてのアスリートを無垢（＝無知）と見なすことでむしろ馬鹿にし、愚弄する行為なのではないか。

この問題は、特に日本のスポーツ界が直面している非常に現代的で重要な課題といっていい。

「③：メディア」に関しては、失うものがハッキリしている。スポーツウォッシング行為から目をそらして批評的視点を持とうとせず、ただ競技内容の感動や結果だけを伝え続けていれば、そこにはジャーナリズムの機能やジャーナリストとしての矜持《きょうじ》はすでにない、と見なされるだろう。自分たちスポーツメディアに求められるものは批評性ではなく、あくまでも広報宣伝機能である、と割り切るのであれば、それもまたひとつのあり方かもしれない。だが、それはメディアが洗濯行為の片棒を担ぐ存在であると自ら宣言することに等しい。

そして、「④：消費者」が、自分たちの観戦している競技大会を洗濯行為と意識せず、純粋なエンタテインメントとして愉しむようになったとき、スポーツウォッシングはその目的を完成させる。だがその場合に、スポーツを愉しむ人々は、洗濯行為を受け入れることと引き換えに、自分たちのいったい何を失っているのだろう。

頭でっかちで青臭い理屈を言えば、それは個々人の良心と誠意、とでもいうような何かかもしれない。とはいえ、我々は、必ずしも世界とのつながりをいつも強く意識しながら生活しているわけではない。日々の身の回りのことだけで精神的にも肉体的にも精いっぱい、というのが、おそらく多くの人々の生活実感だろう。自分自身のことを振り返ってみても、そう思う。そんな市井の生活を、無思慮、無責任で浅薄だと決めつけてしまうのは、あまりに「意識が高い」傲慢な態度だろう。

ただ、そのようにさまざまな人々の考え方の違いの隙間に、染み込むように巧みに入り込んでくるのが、スポーツウォッシングという行為のじつに厄介なところだ、ともいえる。スポーツから「感動」や「勇気」を与えてもらう一方で、カシュガルやウルムチの現状に関心がなければ、2022年北京オリンピックと新疆《しんきょう》ウイグル自治区を結びつけて考えるようなことはないだろう。目の前のサッカーボールを追う戦いに全力で集中する選手たちと気持ちをひとつにして応援する人々が、その戦いの舞台となっている華麗なスタジアム建設で多くの人々が命を落とした事実を知らなければ、その華やかなスポーツ大会の感動はいったい何を塗りつぶしているのかと想像することもない。

仕掛けられたウォッシングに対抗するには

では、スポーツウォッシング行為が仮に明らかであったとしよう。そのとき、社会に関わる(①~④のいずれかに属する)我々にはいったい何ができるのか、について考えたのが

［図-3］
スポーツウォッシングに対して何ができるのか

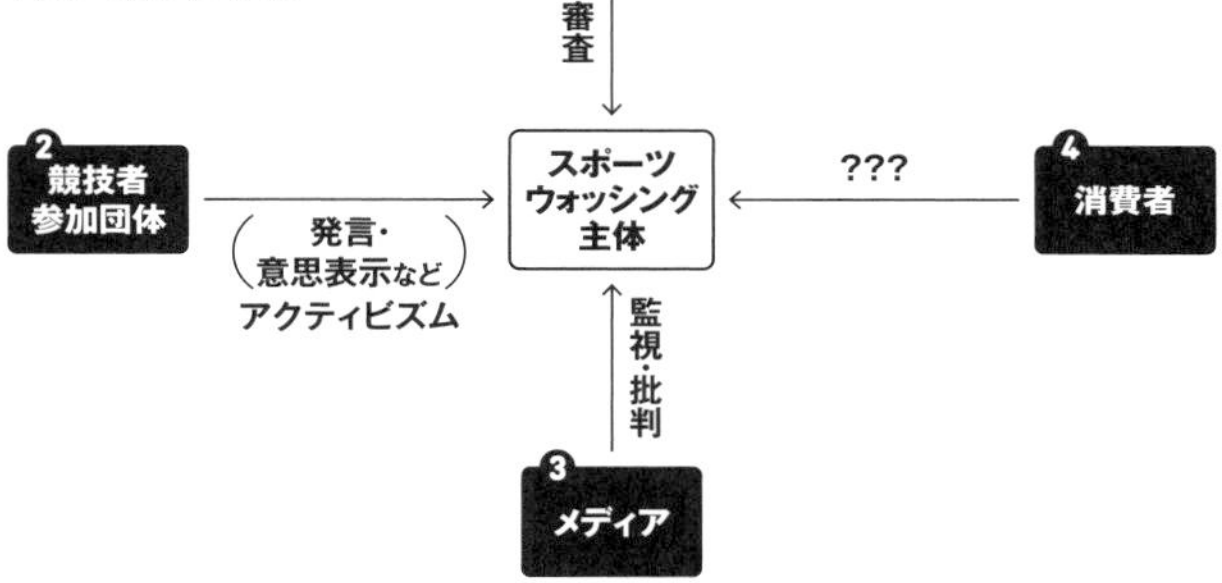

では、我々はスポーツウォッシングという大きな力に対していったいどのように対抗し得るのか。求められるのは、たとえ地道でも真摯かつ誠実にスポーツと向き合う、という姿勢だ。　図版／海野 智

［図3］だ。

「①：主催者／運営関係者」は、審査や監査によって大会開催の承認／否認をする決定権を持つことができるだろう。ただし、そのチェック機能は有名無実化して健全に機能しない場合が多いことは、64〜65ページに示した東京オリンピック招致の例が端的に示している。

「②：競技者／参加団体」は、参加ボイコットという最終手段によらなくても、大会を逆に利用し、積極的な意思表示や発言を行なって大きな影響力を示すことができる。

これは、F1のルイス・ハミルトンや東京

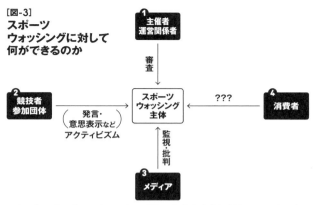

オリンピック大会の女子サッカーなど、前章でいくつかの事例を示して紹介したとおりだ。「③：メディア」は、スポーツウォッシングを仕掛けようとする主体を監視し、批判することができる。だが、それがはたして健全に機能しているのか、そもそもメディアに監視・批判の意思があるのかどうか、については、また別の問題だ。

では、「④：消費者」、つまり、新聞・雑誌や放送、ネットメディアなどを通じてさまざまなスポーツを娯楽として享受し愉しんでいる我々ひとりひとりには、いったい何が問われているのだろう。スポーツウォッシング行為に見えるものが目の前にあるとき、我々はそれに対してどんな態度を示し、どんな行動をとればよいのだろう。

スポーツが持つ筋書きのないドラマ性や、人々の心を震わせる感動的場面の下に潜む作為が露骨に見えるのなら、ファンであることをやめるのは簡単だ。しかし、それらの〈洗濯行為〉を見抜くのが難しいからこそ、あるいは、洗濯行為であることをなんとなく感じながらもスポーツの魅力にどうしても引き寄せられてしまうからこそ、現代のスポーツウォッシングは厄介なのだ。しかも、そんな厄介さを感じさせない顔をして、スポーツウォッシングは我々の近くにさりげなく存在している。

だからこそ、スポーツイベントと社会、競技者、スポーツファンの〈健康的〉な関係はどうあるべきか、ということが問われている。
次章以降は、スポーツに関わるさまざまな分野の専門家や識者の方々に話を聞きながら、この問題について多角的な視点から眺め、考察を進めていきたい。

註

＊1 https://digital.asahi.com/articles/ASP876QNGP7NUTQP029.html

第二部
スポーツウォッシングについて考える

第四章
「社会にとってスポーツとは何か？」を問い直す必要がある――平尾 剛氏に訊く

写真提供／李 信恵

平尾 剛（ひらお・つよし）

1975年大阪府生まれ。神戸親和大学教授。専門はスポーツ教育学、身体論。ラグビー元日本代表。「京都新聞」、プレジデントオンラインで連載中。著書・監修に『合気道とラグビーを貫くもの—次世代の身体論』（朝日新書・共著）、『ぼくらの身体修行論』（朝日文庫・共著）、『近くて遠いこの身体』（ミシマ社）、『たのしいうんどう』（朝日新聞出版）、『脱・筋トレ思考』（ミシマ社）、『スポーツ3・0』（ミシマ社）がある。

2021年の東京オリンピックとパラリンピックとは、結局のところ我々にとって何だったのだろう？

大会が終了してちょうど1年が経過した2022年夏頃に、大会の「レガシー」が活字・映像メディアで相次いで報告された。だが、それらの報告はまるでデキの悪い〈お役所パワーポイント〉のようで、ギッチリと文字が詰まっているわりには中身がない空疎なものだった。大会用に建設整備された施設は公共財に転用されてどれほどのプラス効果をもたらすのか、大会の開催で人々の生活文化がどのように向上して、皆が暮らしやすく生きやすい社会の実現にどれだけ貢献したのか、まるでハッキリしない。むしろ、大会組織委員会関係者やスポンサー企業などが贈収賄・談合容疑で続々と逮捕されていった事件こそが、唯一の「レガシー」だったようにも思える。

この東京オリンピックを開催前から批判し、スポーツウォッシングの観点から疑問を投げかけてきたのが平尾剛氏だ。ラグビー元日本代表という経歴を持ち、現在はスポーツ教育学者として大学で教鞭《きょうべん》を執る平尾氏は、現役選手たちに対しても「アスリート・アクティビズム」を提唱し、社会の出来事に積極的に声を上げよう、と呼びかけている。

スポーツウォッシングにさらされる現代のオリンピックやメガスポーツイベントの危うさ、アスリート・アクティビズムの可能性と課題について話を訊《き》いた。

オリンピックは成功だったと言い張る東京都

「これまでもオリンピックは、どんな大会も終わってしまえばいつも『成功した』ということにずっとしてきたんですよ」

平尾氏が教鞭を執る神戸親和女子大学（現・神戸親和大学）を訪れたのは、東京オリンピック閉幕から1年が経過した2022年の夏のことだ。オリンピックの印象について訊ねると、平尾氏は開口一番にそう指摘した。ちなみに、東京都のウェブサイト〈未来へつなぐTOKYO2020の記憶〉[*1]の冒頭は、以下のような文章で始まっている。

東京2020大会は、新型コロナという未曾有の災禍の中で、多くの方々の協力の下、安全・安心に成し遂げることができました。都政は今、大会を通じて生み出された様々なレガシーを発展させ、「未来の東京」の実現に向けた歩みを本格的に進める、新たなステージに立っています。

開催前からさまざまな醜聞が飛び出して大会首脳や重要な役職の人々が次々と入れ替わり、終了後も贈収賄事件が世を騒がせ続けているスキャンダルまみれの大会でも、主催者たちはあくまでも大成功だったことにしたい様子なのは、上記サイトの記述に明らかだ。

このなし崩しのような「歴史修正」に対して、平尾氏は以下のように指摘をする。

「2021年の東京オリンピックは、新型コロナウイルス感染症が世界的に蔓延していた時期に開催されました。公的には成功したことになっていますけれども、水面下では『ああ、あのときのオリンピックって実態はこうだったよね』と冷静で真摯に捉えている人も多いように思います」

平尾氏は、東京オリンピック開催前からさまざまなメディアやツイッターなどを通じて、開催意義に疑問を投げかけ、オリンピックというイベントそのものに対する反対の意思も積極的に表明してきた。

「反対意見を表明したばかりの頃は、『僕が言ったからといって、いったい何になるんだろう』という、半ば無力感のようなものも強く感じていました。世の中の大勢が『オリンピック万歳、これで盛り上がろう』という雰囲気に流れていく中で、こんなことを言って意味があるのかとも思ったけれども、そうやって発言していくことで、東京オリンピックやオリンピックそのものの裏側、実態、といったものの幾分かを白日の下にさらす一助になれたのかもしれない、と今は思っています」

参考までに、ＮＨＫが東京オリンピックの開催翌年に総括として行なったレポート[*2]「〝自国開催〟という夢のあと～東京五輪　残されたのは～」では、

> 57年ぶりとなる自国開催の夏のオリンピック。コロナ禍での1年延期、ほとんどの会場が無観客、そして国民の賛否が分かれる中での開催といった異例づくめのものになりました。
>
> （傍点引用者）

と、当時の世相の実態を記している。これは、東京都の「安全・安心に成し遂げることができました」という上記の発表文言が覆い隠そうとしている部分といっていいだろう。

学会でも反対するなという同調圧力

開催の賛否が二分された最も大きな理由は、第5波の真《ま》っ只中《ただなか》にあった当時の感染状況だ。さらに、再開発の犠牲が常に社会的弱者たちへ及ぶという、オリンピック開催地でいつも起こる問題（ジェントリフィケーション：都市の美化や再開発で生じるさまざまなしわ寄せ）にも一定の注目と関心が集まった。東京オリンピックの場合でいえば、都営霞ヶ丘《かすみがおか》アパートの取り壊しや、〈（東日本大震災の）復興五輪〉と謳《うた》いながら人的資源や物流などのリソースがオリンピックの開催準備に奪われていったこと等々だ。

「そもそも、『オリンピックが来るぞ』となると、このメガスポーツイベントを利用した強引な立ち退きや道路の拡幅工事、地域の再開発は待ったなしで一気に進む。そのような強権的な行為も、スポーツの健やかなイメージを利用して行なわれていますよね」

と、平尾氏は指摘する。

東京オリンピックをはじめとする巨大スポーツイベントは、それを開催することで、開催地やスポンサー各社の社会的存在感（プレゼンス）を高める効果を持つ。だからこそ、さまざまな企業は率先してスポーツイベントに協賛し、近年では中東諸国も幅広い競技で積極的な誘致を行なっているのだろう。しかし、それらの行為は真っ当な企業・国家のプレゼンス向上の広報活動なのか、それとも何らかのスピンコントロール（政治的情報操作）を狙った行為なのか、一見したところ区別がつきにくい。実際に、その境目は判別が微妙で曖昧にも見える。

平尾氏は、犠牲者の有無がその境界線を見極めるひとつの判断基準になるだろう、と言う。

「端的に言えば、関わった人の人権が守られているかどうか、犠牲になる人がいるかいないか、じゃないですか。オリンピックでは、今回の東京もそのひとつ前のリオ・デ・ジャネイロも、社会的弱者の人たちが開催の犠牲になっています」

リオオリンピックの際も、ファベーラ（貧民街）の強制的な立ち退きや警察の過剰な取り締まりは日本でも報道された。だが、これらの事実はスポーツがもたらす勇気と感動のドラマにかき消され、あっさりと押し流されてしまった。東京オリンピックの場合も、開催前には賛否が大きく分かれたものの、終わってしまえばなんとなくなし崩しになって、いわば結果オーライのような恰好で総括され、あるいは忘れ去られようとしている。

とはいえ、開催賛否の議論が契機になって「スポーツウォッシング」という言葉とその視点が紹介されるようになったことは、日本人と日本のスポーツにとって収穫だったといえるだろう。

「スポーツウォッシングという言葉自体は、以前からオリンピック研究者の間では当たり前のように口にされているワードですが、巷《ちまた》ではあまり聞かない用語だったと思います。新型コロナウイルス感染症が蔓延しているときにオリンピックがやってきて、それをきっかけにスポーツウォッシングという言葉やその意味することを知った人々は、『確かにそうだな。じゃあ、スポーツって社会の中でいったいどんな価値があって、どういう役割を果たすものなんだろう？』と考える機会になったのかもしれません。今はまさに、（社会とスポーツの関係が）変わっていく時期に来ているのだと思います」

平尾氏の、元アスリートのスポーツ研究者という立場から投げかけられたオリンピック批判は一定の支持を集めたが、一方では批判や腫《は》れ物に触るような扱いも受けたという。「たとえ現役を引退していてもスポーツに関わっていたのだから政治的発言をするな、という難癖に近い批判が、匿名の人物から僕のツイッターアカウントに寄せられたこともありました。

あと、違和感を覚えたのは、たとえば学会などに出席したときに、皆があまりスポーツウォッシングの話題に触れようとしない傾向が強いことです。オリンピック研究者の間では広く知られている概念で、僕がメディアで発言していることも知っているはずなのに、まるで腫れ物に触るように誰も何も言おうとしない。よく顔を合わせる旧知の研究者の中でも『じつは僕も反対なんだけど』と声をかけてくれたのは、とある目上の方ひとりだけでした。同調圧力というか、スポーツ界のムラ意識のようなものを感じました。

また、別の研究会では、オリンピックで動く巨額のお金やジェントリフィケーションの問題などを、パワーポイントを使ってしっかりと指摘していたにもかかわらず、最後の結論は『今やめるのは無責任だ』というものだったので驚きました。僕の結論はまったく逆で、『社会に負担がかかるほどに肥大しているのだから、いったんやめるのがむしろ責任ある行動ではないですか』と発言しても、ほかの方も全員同じ研究仲間だったようで、うまくはぐらかされました。

結局、こういう同調圧力がスポーツウォッシングにうまく利用されてしまう、という側面もあるのだと思います」

アスリートにはもっと声を上げてほしい

いかにも日本社会的な風土を刷新し、スポーツ界がスポーツウォッシングという罠《わな》から逃れるためにも、現役のアスリートたちが積極的に社会と関わり、行動し、発言していく〈アスリート・アクティビズム〉が重要だ、と平尾氏は訴える。

「自分自身がラグビーをしてきた経験からも思うんですが、スポーツをしていれば、特にその競技のトップクラスを経験していれば、セオリーのあえて裏をかくことや思い切った決断などが勝敗を分けることをよく理解しているはずなんです。なのに、ムラ社会的な同調圧力に対してノーと言える人がどうしてこんなに少ないんだろう、ということはずっと考え続けています。

アスリート側から声を上げないと、スポンサーや主催者側の利益になるかたちでどんどん利用され続けます。要するに、これは〈パンとサーカス〉なんです」

〈パンとサーカス〉とは、古代ローマの詩人ユウェナリスの言葉だ。その詩篇《しへん》の中で、ローマ市民が食料と娯楽を無償で与えられることで政治に対して従順になっていく様子を記した描写に由来する。その姿はまさに、スポーツウォッシングで〈洗濯〉されてさまざまな問題から目をそらしてしまう現代の市民に重なる。

「そこに歯止めをかけることができるのは、当事者であるアスリートです。スポーツは恰好のカネのなる木だから、利用されやすいんですよね。自分たちがきちっと防波堤を築いて押し戻さなければいけないけれども、もう、かなりのところまで浸食されていると思います。

だから、何を差しおいても、まずはアスリートたち自身が見識を高め、社会に対してもう少し意見を持ち、押し戻してほしい。今は、これ以上になったら大変なことになるよ、という状況に来ていると思います」

世界と日本のトップアスリートを比較したとき、彼我の最も顕著な違いのひとつが、この〈社会に対するコミットメント〉のあり方だ。

ＮＦＬのコリン・キャパニックが、人種差別に反対して試合前の国歌斉唱時に片膝をついて抗議を示した行為は、ＢＬＭ運動が世界に広がっていくきっかけのひとつになった。東京オリンピックでも、各国の女子サッカー選手団が試合前にこのアクションで差別反対の意思を広く共有した。これに日本代表選手たちも賛同し、片膝をつくパフォーマンスを示したことは、第二章でも紹介したとおりだ。

プロフェッショナル・アスリートたちがＢＬＭ運動に賛同し、あるいは性的マイノリティに対する差別反対でレインボーカラーを身にまとうなど、人権抑圧やさまざまな差別に積極的に異を唱える行動は、世界的にはけっして珍しい行為ではない。だが、日本ではプロスポーツ選手たちによるそのような意思表示は、東京オリンピックの女子サッカー代表などを例外として、ほとんど見聞きすることがない。

「日本ではそのような言動が極端に少ないのはなぜだろう、ということをずっと考え続けています」

そう平尾氏は言う。

「学校教育でも、人と違う意見を言うことに対するハードルは高い。空気を読む、ということがいつも暗に求められている。そういう環境に長く身をおいて、指導者の指導に従ってパフォーマンスを上げることだけに集中させられる小・中・高時代を過ごすと、本当に感じていることが口に出しにくくなってしまう、という要素は大きいと思います。

そして、そういう社会の中でアスリートとして育っていくと、成長したときに応援してくれるスポンサーも、当然ながら日本企業が多くなる。たとえば、2020年の全米オープンテニスで大坂なおみ選手がBLMを支持し、犠牲者の名前を記した黒いマスクでコートに登場したとき、アメリカ企業のNIKEは彼女の行動に理解を示し、積極的に支持しました。ところが、日本のスポンサー企業は踏み込んだコメントをせず、その事なかれ主義的な態度にかえってファンが反発して炎上を招く事態にもなりました。

この一件でもよくわかるとおり、やはり日本企業は、自分たちがスポンサーについている選手にはそういう方向で目立つことをしてほしくないと考えている。社会問題への発言はやめてくれ、というような直接的間接的な働きかけも、きっとあるでしょう。競技団体の側も、特に資金が潤沢ではないマイナー競技では、そのスポーツを支えていく健全なイメージを崩さないでほしい、とにかく騒ぎを起こさないでほしい、という意向が働くかもしれません。だから、社会に対してメッセージを発し意思表示をしたいと思っていても、そんな状況の中でがんじがらめになっている選手たちもいるのかもしれません」

このような話題になると、「スポーツに政治を持ち込んではならない」という言葉を金科玉条のように掲げる人々が必ず現れる。選手たちは、そんな人々が作り出す空気を読み、無言の圧力に気圧《けお》されて、たとえ社会に対して意思表示をしようと考えたとしても、その口を再び閉ざしてしまうのだろう。

「政治、といっても、別に政党や政策の支持を表明するわけじゃなくて、人権に関わることに意思を表明するのは人として普通のことですからね。『私はそれは違うと思うよ』と言うだけなんですが、選手たちはマネージメント側からメディア対応のアドバイスやマニュアルなどのトレーニングも受けているだろうから、どうしても常套句《じょうとうく》や定型的な言葉ばかりになってしまう。

SNSがこれだけ普及して世界的に広がったことも、アスリートたちの発言を控えさせる要因になっているんでしょう。炎上したり誹謗《ひぼう》中傷が飛んできたり、ということを避けるために、これから羽ばたいていく若いアスリートに対しては特に、ＳＮＳの使い方の研修やアドバイス、教育が行なわれていますよね。そうすると、もう箸にも棒にもかからないような、『スタバのコーヒー、おいしかった』とか、食べ物の写真を載せるとか、そんなものしか載らなくなってしまう（笑）。

そんなふうに、無難にＳＮＳを活用するスキルは身につくけれども、炎上させずにきちっと自分の意見を言う、というスキルは身につかない。むしろ、自分の意見を言ってくれるな、余計なことは言ってくれるな、というのがスポンサーや所属事務所の本音でしょうから」

このような状態に陥っているのは、スポーツが舐《な》められているからだ、とも平尾氏は指摘する。

「アスリート自身はたぶん、スポーツが舐められているとは思っていない。それどころか、『炎上を避けている自分たちは賢くうまくやれている』と思っているかもしません。一概には言えないけれども、おそらく全体の傾向としては、そのようなことは自分が言うべきことでもないし、言ってもどうにもならない、という考え方なのでしょう。この意識は、先ほど言ったように、日本の学校教育や小中高のスポーツ環境がそうさせている要素も少なからずあると思います。

でも、アスリートは自分の言葉をきっちりと持つべきです。別に、きれいにうまく言おうとしなくてもいいんですよ。難しい単語を使わなくてもいいし、それこそ訥々《とつとつ》と詰まりながらでもいいんです」

アスリートたちの心の底から出てきた発言は、その表面的な言葉以上に、聞く側に向けて内容が率直に伝わるものだ。それらの言葉や表現がたとえ朴訥であったとしても、その本意を汲《く》み取って伝えてゆくことが、記者やメディアに求められる役割でもあるだろう。逆に、薄っぺらな意思からは薄っぺらな内容しか伝わらない、ともいえる。

「アスリートは、自分が社会に対して影響力を持っていることを自覚しているはずです。だって、子供たちに夢を与えるとか人々に感動を与えるとか言っているわけですから。自分の存在や発言は社会に対して何かしらの影響力がある、とわかっているにもかかわらず、その社会に向けた発言だけが、なぜかいつも空洞のようにポコンと抜けている。それにずっと違和感があります。

いちように言葉が軽く、『感動を与える』『勇気をもらう』という常套句や定型表現に乗っかってしまうことがすごく多くて、取材するメディアの側もその定型句でくくってしまう。スポーツって本当はもっと豊かなものなのに、そこが切り捨てられてしまって、うまく伝わっていかない。

だから、スポーツに対する薄っぺらなイメージが作られて、誰も踏み込んだことを言わないし批判もしないし、『なんだかんだいっても皆が感動するしね』と政治利用されるんです。

要するに『汚れがよく落ちる洗剤だな』っていうことですよ（笑）」

競技スポーツと生涯スポーツ

それにしても、スポーツはどうしてこういつも、都合のよい〈洗剤〉として利用されてしまうのだろう。ひょっとしたらそれは、我々のスポーツに対する関わり方がまだ十分に成熟しきっていないからではないのか。だから、その隙を突くようにスポーツを便利使いする〈洗濯〉行為が、いとも簡単に行なわれてしまうのではないか。

そう考えてみると、次にうかぶ問いは、「では、スポーツは我々と社会にとって、いったいどういう存在なのか」ということだ。

「スポーツの競い合いは、あくまでもゲームです。一方で、社会の分断は競い合いによって生まれているともいえます。競い合いで負ければ誰しも悔しいし、勝ったら優越感を覚える。その折り合いを自分でつけていく方法を学ぶこと。それを学ぶための場がスポーツなのだと思います」

スポーツは身体《からだ》の可能性を明示してくれるものだ、とも平尾氏は言う。

「トップアスリートのように、たとえば内村航平《こうへい》さんみたいに鉄棒から何回転もして降りるようなことができなくてもいいけれども、誰しもが持っている身体って、『研ぎ澄ませるとこんなこともできるんだ』ということを彼らは示してくれている。だから、プロフェッショナル・アスリートの頂点を極めた動きを見たときに、自分でもちょっと身体を動かしてみようと思って運動してみると、以前より少しだけ身体が軽く感じたり、身体の使い方がちょっとうまくなったりする。スポーツは、そんなかたちで多くの人に還元されていくものだろうと思います。

トップアスリートたちは『自分が思っている以上に、工夫次第で本当にいろんなことをできるんだ』という、人間の身体が持っている可能性を見せてくれる。スポーツ好きな人々は、そんなビッグプレーを見たくてスタジアムに足を運んだり、テレビ画面ごしにスポーツを見たりするんだと思うんです」

ここで注意したいのが、スポーツとひと口にいっても、トップアスリートたちが競い合うプロフェッショナルの〈競技スポーツ〉と、広く生活の中で愉しむ〈生涯スポーツ〉は、そこに向き合う人々のアプローチが大きく異なる、ということだ。

競技スポーツは多くの人々にとってあくまで「観戦する」娯楽であり、競技者たちはケガをしてでもプロである以上は最高の結果を求め続ける。一方、生涯スポーツは自分たちが「実践する」娯楽であり、ケガをしないのはもちろん、健康の向上や維持を目指して愉しむ活動だ。同じスポーツとはいっても、このふたつは似て非なるものといっていいだろう。

「メガイベント頼りやプロスポーツ頼みから、身近な生涯スポーツを大切にしていく方向へ、もっと意識や関心が向いていくようになるんじゃないか。今は、本来なら生涯スポーツとして愉しむものにまでプロスポーツの論理が広がっていますよね。

本当は教育の一環であるはずの中学や高校の部活動にも勝利至上主義がはびこっているのは、以前から広く指摘されているとおりです。まるで皆がプロアスリートのようにひたすら勝利だけを目指すのではなく、生涯スポーツの愉しみをもっと大切にしなければいけないと思います」

この指摘で思い出すのは、全日本柔道連盟が2022年に小学生の学年別全国大会廃止を決定したことだ。全柔連のこの決定は、新聞やテレビのニュースでも大きく取り上げられた。参考までに、全柔連ウェブサイト*3によると、その決定理由は以下のように記されている。


昨今の状況を鑑みるに、小学生の大会においても行き過ぎた勝利至上主義が散見されるところであります。心身の発達途上にあり、事理弁別の能力が十分でない小学生が勝利至上主義に陥ることは、好ましくないものと考えます。

嘉納《かのう》師範は「勝負は興味のあるものであるから、修行者を誘う手段として用うべきであるが、本当の目的に到達することが主眼でなければならぬ」と述べておられます。

また、「将来大いに伸びようと思うものは、目前の勝ち負けに重きをおいてはならぬ」ともされています。

本年2022年は、嘉納師範が「精力善用、自他共栄」を骨子とする講道館文化会の綱領を発表されてから丁度100年の節目の年に当たります。この際原点に立ち返るため、思い切って当該大会を廃止することにしたものであります。


「競争が過熱して勝利至上主義に偏りすぎていたために、その行き過ぎを軌道修正しようという非常によい決断だったと思います」

平尾氏も、この決定には全面的に同意を示す。

「それ以外にも、たとえば高校野球ではノーサインでプレーする学校が話題になり、高校ラグビーの世界でも学業と両立させて1日1時間の濃密な練習をして花園にやってくるチームが注目を集めています。

ひょっとしたら、生涯スポーツには勝ち負けが必要ないのかもしれない。でも、そうすると今度はモチベーションに影響が出て、パフォーマンスを発揮できないかもしれません。だからこそ、勝ちを目指してプレーし、暴れる心を落ち着けながらプレッシャーの中で競技をする。その心と身体のマックスを見せてくれるのが、トップアスリートたちです。

その競技でプロとして戦う能力を最大限に研ぎ澄ませた選手たちは、皆が思っているよりもはるかに上にある身体の大切さや可能性を見せてくれる。だから、身体と精神の最大限の可能性を常に提示してみせる、ということも、人々に対するスポーツの大きな貢献といえるでしょう」

20世紀的マーケティング思考から変わり始めたスポンサーたち

ここまでの話は、社会に暮らす個々人とスポーツの関係性についての議論だ。では、社会そのものに対して、スポーツはいったい何をなし得るのだろう。

「おそらく、職場や家族とは違う横のつながりをつくること、だと思います」

その具体的な内容を、平尾氏は以下のように説明する。

「家族は生きていくための最小単位で、血縁関係がある。職場の人間関係は、何らかの利害関係を介している。地域社会は地縁でつながっている。それら以外のところで世の中とつながっていこうとしたときに、ネットワークをつくり出せるもの、生活空間の外側に出るためのひとつのきっかけになるものがスポーツなのだと思います。

たとえば、小学生くらいの子供にとっての〈社会〉は、家と学校の往復の中で見聞きするものや、あるいは本とテレビから得られる情報をつなぎ合わせて理解するもの、という程度の広がりです。しかし、スポーツをすることによって、社会に奥行きが出てくる。小学校5〜6年生のときに隣町の学校と試合をすれば、『そうか、彼らはこんなことをやっているんだ』と、社会に対する見方や理解がきっと深まるでしょう。

私も、社会人1年目に日本正代表に準じるジャパンAのメンバーに選出されてニュージーランドへ遠征に行ったことで人々とのつながりが広がり、ラグビーを通じて国境を越えることができました。イングランド発祥の近代スポーツは特に、『社交の精神を育む』という目的がその本質です。つまり、それまでつながることのなかった人や集団、コミュニティとつながっていく、ということがたぶん、スポーツの最大の目的のひとつだし、社会に与えることのできる大きな影響なんじゃないでしょうか」

平尾氏が説明するこのようなプロセスを通じて、競技スポーツと生涯スポーツの棲《す》み分けや使い分けがさらに進み、スポーツと社会の関係が成熟度を増してくれれば、スポーツは人々にとってさらに身近で親しみやすい存在になってゆくだろう。つまり、人々とスポーツの距離が縮まれば縮まるほど、勝敗やナショナリズムや感動、といった使い勝手のよい道具で〈便利な洗濯〉をしようとする作用は、その機能を弱めていくのかもしれない。

スポーツと人々、スポーツと社会の関わり合い方が変わってゆくのと同様に、スポーツを支援・スポンサードする企業の考え方も今後は変わってゆくだろう、と平尾氏は言う。

「日本では、スポンサー企業は支援するスポーツやアスリートを、自社イメージを健全に保つためのマスコットのようなかたちで捉えているところがまだ多いかもしれません。しかし、スペインの名門サッカーチーム・ビジャレアルCFで育成を担当する佐伯夕利子《さえきゆりこ》さんからうかがった話では、スポーツに対する企業の考え方も変わってきて、今は男女差別やジェンダーギャップに対して積極的に関わっていくことが企業の評価やビジネスに直結している、ということでした。

佐伯さんがおっしゃっていたのは、単にアスリートを何人も育成して、ワールドカップなどの世界大会で勝つための強化費をどんどん放り込むだけのスポンサーではなく、どんな運営の仕方があるのか、どういう姿勢でその競技に取り組み支援するのか、という、そのクラブの方針や理念にきちっとコミットしていくスポンサーが今後は主流になってくるだろうという話で、それを聞いたときに、これは大きな希望だなと感じました」

つまり、今後の社会でスポーツを支えていく企業は、自分たちのプレゼンス向上や広告の費用対効果といった20世紀的なマーケティング思考や事なかれ主義のような従来のあり方を超えて、自分たちの考えるＥＳＧ（Environment：環境、Social：社会、Governance：ガバナンス）と真摯に向き合う姿勢が、今まで以上に問われることになってゆくのだろう。

「だから先ほどの話に戻るんですが、スポーツとは何だろう、社会にとってスポーツとはどういう存在なんだろう、ということを我々は問い直さなければなりません。そうしなければ、スポーツはいつまでも、よく落ちる〈洗剤〉として（政治に）利用されっぱなしです。

でも、そこにスポーツウォッシングという補助線を引くことができれば、アスリートや競技関係者たちは自分たちが都合よく利用されていると気づけるだろうし、その認識ができれば防衛策を練《ね》ることもできる。『社会の中でスポーツの役割って何だろう。スポーツの価値を高めていくために、自分たちは何をしていけばいいのだろう』という議論にも進んでいくことができるという気がします」

註

＊1 https://www.2020games.metro.tokyo.lg.jp/taikaijyunbi/torikumi/legacy/2020_kioku/index.html

＊2 https://www3.nhk.or.jp/news/html/20220722/k10013727201000.html

＊3 https://www.judo.or.jp/news/9766/

第二部
スポーツウォッシングについて考える

第五章
「国家によるスポーツの目的外使用」その最たるオリンピックのあり方を考える時期——二宮清純氏に訊く

二宮清純（にのみや・せいじゅん）

スポーツジャーナリスト。株式会社スポーツコミュニケーションズ代表取締役。1960年、愛媛県生まれ。スポーツ紙や流通紙の記者を経てフリーのスポーツジャーナリストとして独立。オリンピック・パラリンピック、サッカーワールドカップ、ラグビーワールドカップ、メジャーリーグなど国内外で幅広い取材活動を展開。明治大学大学院博士前期課程修了。広島大学特別招聘教授。大正大学地域構想研究所客員教授。経済産業省「地域×スポーツクラブ産業研究会」委員。認定NPO法人健康都市活動支援機構理事。『スポーツ名勝負物語』（講談社現代新書）など著書多数。

世界最大のスポーツイベントは、いうまでもなくオリンピックだ。4年に一度、世界各国から開催都市に集まる選手団や関係者の人数は、どんな人気競技の世界大会よりも桁違いに大きい。また、報道量や、大会に関わるさまざまなビジネス、そこから派生する経済効果等々、オリンピックはあらゆるスポーツイベントの中でも最大だ。だからこそ、連日メディアを騒がせた利権をめぐる汚職事件は後を絶たないし、ドーピングなどの不正行為も大会のたびに話題になる。

スポーツジャーナリストの二宮清純氏は、このオリンピックを1988年のソウルから現在まで、長期間の取材を続けてきた。幅広い競技や選手たちを取材してきた中では、スポーツウォッシングに類する出来事も現場で直接見聞きしたことがあるという。スポーツウォッシングとは「国家によるスポーツの目的外使用」だと話す二宮氏に、スポーツはどんなふうに目的外使用をされていくのか、そして、これからのスポーツと社会はどんな関係性を目指していくべきなのか、について話を訊いた。

国威発揚としてのオリンピック

「スポーツウォッシングという言葉は登場してまだ間もない、比較的新しい概念なので、何をもってスポーツウォッシングというのか、どこまでの行為がスポーツウォッシングなのか、という細かい定義は論者によって多少の違いがあるかもしれません。スポーツって、本来は楽しいものじゃないですか。その楽しいものを国威発揚のために利用するとなれば、これは目的外使用ですよね。私はスポーツウォッシングを定義するとすれば、〈国家や企業によるスポーツの目的外使用〉といったあたりになるかと思います」

二宮氏は、長年のオリンピック取材で、スポーツが国威発揚や政権浮揚のために利用されていると感じたことが何度もあったと振り返る。たとえば近年では、２００８年の北京大会の際にその気配を濃厚に感じたという。

「あのオリンピックは、中国が経済発展を遂げていくシンボルだったと思いますが、北京開催が決定したことでチベットや新疆ウイグル自治区の人権問題に対する注目も大きくなっていました。当時の北京は、発展している地域とそうでない地域、ダウンタウンやスラム的な地域もあったわけです。そのような部分を報道陣には見せようとしませんでした。貧富の差、そして拡大しつつあった格差を外国の報道機関にあまり知られたくない、という意図があったからだろうと思います」

2008年の北京オリンピックは、アジアで行なわれた夏の大会としては、1964年の東京、1988年のソウルに続く3回目のオリンピックだった。この3つの大会に共通するのは、大きな経済成長を成し遂げて先進国と肩を並べたことを世界に示す国威発揚の機能だった、と二宮氏は指摘する。

「アジア初のオリンピックになった1964年の東京大会は、日本が戦後、国際社会に出ていくことを世界に示すためのオリンピックでした。1988年のソウルオリンピックには私も現地に取材へ行きましたが、これもやはり韓国の経済発展を知らしめる意図がありました。そう考えてくると、『先進国のパスポートを手にしたい』という意味では1964年の東京も1988年のソウルも2008年の北京も、共通したものがあったのだと思います」

ソウルオリンピックは、1980年のモスクワ、1984年のロサンゼルス、に続いて行なわれた大会だ。モスクワは、ソ連のアフガン侵攻に抗議するという理由で西側諸国の多くがボイコット。1984年のロサンゼルスでは東側諸国がその報復として、アメリカのグレナダ侵攻への抗議という名目で参加をボイコットした。1988年のソウルは、政治に翻弄されたこれら2大会を経て、東西両陣営が久々にスポーツの舞台で競い合う大会になった。

「国家の威信が、あれほどガチンコでぶつかり合ったことは久しくありませんでした。その結果、かつてないほどのドーピング合戦になったわけです」

陸上男子100メートルで世界記録を更新して優勝を飾ったベン・ジョンソンが、ドーピング検査で陽性反応が検出されて、新記録取り消しと金メダルを剝奪された一件は非常に有名だ。ドーピングという言葉は、この事件で広く世界に知られるようになったといってもいい。

ソウルオリンピックでは、これ以外にも多くの選手がドーピング検査で陽性が出た、と二宮氏は言う。

「西側諸国と東側諸国のドーピングは、それぞれ意味合いが違っていました。西側諸国のドーピングは資本主義型。これは、金メダルを獲《と》り世界記録を出すことによってカネを稼ぐ、いわば一攫千金《いっかく》を狙ったものです。一方、東側諸国は、当時の東ドイツなどが典型ですが、国威発揚型のドーピングでした。つまり、同じドーピングでも思想が違っていたわけです。

一方で、この時期のオリンピックは1984年のロサンゼルスで成功した商業主義の手法がさらに進んで、スポーツ関連会社や飲料メーカーなどさまざまな企業が公式スポンサーとして参入しました。

では、ドーピングで揺れた1988年の大会は、スポンサードした企業にとってプラスだったのか、それともマイナスだったのか。これは各企業の判断によるでしょうが、以降もカネを出し続けたということは、ネガティブな材料があったとしてもそれを上回るメリットがあったからでしょう。それがオリンピックの魅力であり、魔力でもあるのだと思います。たとえいろいろな矛盾があっても、お祭りの喧噪《けんそう》がそれをかき消してしまう。オリンピックには、そうした現実があります」

メディアが〈勇気と感動のドラマ〉を流し続けることの罪

この大会以降、オリンピックは回を重ねるごとに商業主義への傾斜をますます強めていった。商業主義化とともに、動くカネの規模も大きくなっていく。さまざまな利権を狙った汚職の摘発は、なにも最近になって始まったことではない。

たとえば、ソルトレークシティ冬季オリンピック（２００２年）の開催前には、招致段階での汚職が明らかになり、10名のＩＯＣ委員が追放処分や辞任に追い込まれ、世界的に大きなスキャンダルになった。リオ・デ・ジャネイロオリンピック（２０１６年）では、ブラジルの大会組織委員会会長やブラジルオリンピック委員会元役員が同国連邦警察に逮捕されている。そして、近年ではオリンピックという大会そのものに対して、スポーツの爽やかなイメージを利用して政治的に都合の悪いことを隠蔽しようとするスポーツウォッシングだとする批判が増えるようになってきた、というのがオリンピックとスキャンダルをめぐる時系列的な変遷だ。

それでも、オリンピックは世界最大のスポーツイベントとしての地位は揺るがない。それどころか、ますます肥大化の一途をたどっている。

2021年に開催された東京オリンピックは、関係者の知性を疑うような出来事が次々と噴出し、開催前から大きな批判を浴びた。大会ロゴの盗作疑惑や開閉会式演出の統括役だった電通出身クリエイティブディレクターの辞任、大会組織委員長の女性蔑視発言と辞任、等々。さらに、世界的な新型コロナウイルス感染症の蔓延で、大会は当初予定の2020年から1年延期になり、その2021年開催も賛否が大きく分かれて激しい議論を呼んだ。

しかし、いったん大会が始まってしまえば、新聞やテレビはスポーツ欄とスポーツコーナーを全面的に使って、〈勇気〉と〈感動〉と〈人々に寄り添う〉ドラマばかりを来る日も来る日も量産し続けた。

スポーツメディアが社会事象の批判的チェックや検証というジャーナリスティックな役割を放棄していた一方で、その機能を果たしていたのは、ゲリラ的な活動で存在感を発揮した週刊誌とそのオンラインニュースなどだった。

日々の競技結果を広報装置のように報告し続ける一方だった日本のスポーツメディアは、

はたしてジャーナリズムと名乗るに足る役割を果たしたといえるのだろうか。

「それはスポーツのみならず言えることであって、政治や経済においても（日本のジャーナリズムは）非常に不完全なものだと思います。どの国の報道にも程度の差こそあれ、問題はあります。しかし報道の自由度ランキング（２０２２年）で、日本は世界71位。まあロシアや中国よりは上ですが（笑）」

二宮氏はそう指摘する。

「『国家の価値は結局、それを構成する個人個人のそれである』と語ったのは、イギリスの哲学者Ｊ・Ｓ・ミルですが、メディアに対してもリテラシーという点では国民がそこをチェックするわけだから、今の日本メディアの状況はやはり国民の現在地を反映した姿なのでしょう。

具体的に東京オリンピックとスポーツメディアについて言えば、当初、東京開催が決定したときから東京都民や国民の支持はあまり高くありませんでした。だから、官民一体となって、政・官・業・メディアが複合体として盛り上げなければいけない、という動きが出てきたのかもしれません。

その流れの中で、新聞社がオリンピックのスポンサーになりましたよね（註：読売新聞グループ本社・朝日新聞社・毎日新聞社・日本経済新聞社がオフィシャルパートナー、産業経済新聞社、北海道新聞社がオフィシャルサポーターとして契約した）。そこに関してはやはり、踏みとどまるべきだったと思います。監視機能を鈍らせるおそれがありますから」

イベントの利害関係者となった新聞やテレビがスポーツ欄やスポーツコーナーで、〈勇気と感動のドラマ〉を流し続けることは、スポーツと社会、スポーツと国民の関係を毀損することにもなる、とも二宮氏は指摘する。

「東京オリンピックで、日本の選手たちは金27、メダル獲得総数58と史上最多になりました。では、これらのメダル獲得は、はたして国民に還元されているのか。そこが非常に重要で、選手のトレーニングや強化には、いくらかの税金が使われているのだから『感動をありがとう』で終わっちゃダメなんですよ。

一例を挙げれば、金メダルを獲るためのトレーニングやチームビルディングなどのノウハウが民間企業や民間の組織づくりに役立ちましたとか、あるいはこういうトレーニングが少子高齢化社会の大きな課題である健康寿命と平均寿命の差を縮めてＱＯＬ（クオリティ・オブ・ライフ：生活の質〉向上に役立ちましたとか、金メダリストのトレーニング方法や食生活などが我々の社会と生活に還元されましたよ、と可視化されていない」

オリンピックの〈レガシー〉とは、まさにそういうことだろう。しかし、巨額の費用を投入して整備建設した数々の施設が今後どれだけ有効活用されるのかも不透明で、ホストシティ・東京都と開催国日本が成果を人々の生活文化に還元させ、スポーツの普及に活用させるつもりがあるのかどうかもハッキリしない。

「そこが可視化されるようになれば、オリンピックに対する否定的な意見が少しは減ったかもしれません。つまり、勇気をありがとう、感動をありがとう、だけで終わるとその先が何もないから思考停止に陥ってしまう。

確かにスポーツには、『頑張るぞ！』と思わせる〈精神浮揚効果〉があるのは間違いないんです。しかし、それだけでは漠然としていて、勇気や感動という言葉から先へ進んでいかない。だからといってすべてを細かく数値化しろ、ということではないんですよ。ただ、よい結果を出すためのノウハウや組織づくりなどをもっと国民に還元する努力をしなければいけない。その仕組みづくりがないから、国民とアスリートの間の乖離《かいり》が大きくくなっているのかもしれません」

スポーツに対する「固定観念」を外さなければならない

二宮氏によれば、この乖離を生んでいるのは日本のスポーツでは〈する〉〈見る〉〈支える〉という役割が固定化しがちだからだ、という。これらを流動化させることで、人々とスポーツとの関わり方はより豊かで多様なものになってゆくだろう、と言う。

「今日〈する〉人が、明日は〈見る〉人になってもいいし、〈支える〉人になってもいい。また、〈支える〉人が今度は〈する〉人になってもいい。一番大事なのは、この流動性なんです。

一例を挙げれば、ソルトレークシティオリンピックの取材に行ったとき、現地でメディア用のバスに乗ると、ボランティアの中に元オリンピアンがいました。『今までいろんな人に支えてもらったので、今度は自分が送迎係をやっているんだ』と、支える側になっているわけです。日本では元メダリストが送迎係をやっているなんて聞いたことがないですよね。オリンピックに出た人は、いつまでたっても選手目線で話をする。でも、引退したら見る側の目線も、支える側の目線も必要なんですよ。自分の役割を固定化するのではなく、スポーツをする側、見る側、支える側と立場を変え、固定化しない。それがスポーツに親しむ、ということなのだと思います。

もちろん、結果を出した選手に対するリスペクトは必要ですが、役割が固定されてしまうと今度は悪い意味でアスリートが特権階級みたいになってしまう。そうなると〈上級国民〉といった批判が起きる。流動性の確保こそ、優先すべきものです」

この役割固定化と多様性という点では、障害者スポーツに対するメディアの取り扱いも同様の問題を抱えてきた、と二宮氏は指摘する。

「たとえば、パラリンピックは最近では日本でも市民権を得て、スポーツとしてメジャーになりつつあります。しかし、かつては選手たちがどんなに素晴らしいパフォーマンスを発揮しようとも記事はスポーツ面ではなく社会面の扱いで、『感動をありがとう』で終わっていました。

障害者スポーツはずっと福祉行政として厚生労働省の管轄でしたが、スポーツ庁ができたこともあって、パラリンピックをめぐる状況はここ10年ほどでだいぶ改善されてきました。福祉やリハビリとしての障害者スポーツは厚労省の管轄でいいのかもしれませんが、大会に出場するレベルの選手ならスポーツ庁の管轄は当然のことだと思います。

しかし、その一方で聴覚障害者の大会であるデフリンピックはまだスポーツ面の記事になりませんよね（註：2025年の東京大会開催がすでに決定している）。なぜデフリンピックの記事は少ないのか、とメディア幹部に訊ねると『パラリンピックは市民権を得ましたけれども、デフリンピックはまだですから』と言う。要するに新しい格差、新たな差別が始まっているわけです。

市民権を得たから記事に出すとか出さないとかではなく、アスリートたちの競技なのだから、メディアは自分たちで自主的に判断をして記事にすればいいんですよ。なのに、先ほどの役割固定化と同じで、根拠はなくても『こういうものだから』と自己規定して、それが慣習になってしまう。そこはたえず見直すべきではないかと思います。

お上のお墨付きがあるものをスポーツと解釈するような硬直した考えではなく、もっと自主的に、自分たちがスポーツだと思うものをどんどん発信していけばいい。そもそもスポーツの語源（註：ラテン語のdeportare）は余暇、気晴らし、楽しみ、といった意味なのだから、身体を動かして気持ちが晴れるようなことは全部スポーツの範疇《はんちゅう》に入れてもいいのではないか。もっとフレキシブルな発想が必要だと思います」

さらに、スポーツを支え出資する企業の考え方も、投資に見合う効果を求めるスポンサー型から、ともにスポーツを育むパートナーシップ型への移行が求められるようになってゆくだろう、とも言う。

「現在、私は中国5県の広島、山口、岡山、島根、鳥取で活動するさまざまな競技のクラブを支えるプラットフォーム〈スポーツ・コラボレーション5〉のプロジェクトマネージャーをしているのですが、企業に支援をお願いすると、『広告費に見合う費用対効果はありますか』と必ず聞かれます。

それぞれのクラブは、老若男女皆が〈する〉〈見る〉〈支える〉という役割を分担し、入れ替わりながら、地域のコミュニティの核になることを目指している。この活動を通じて皆が健康になって親子の会話が弾むかもしれないし、地域の活性化を通じて観光資源になるかもしれない。だから、『費用対効果はやってみなければわからないけれども、一緒に子供を育てるような考え方で、そのために皆が少しずつマンパワーやお金などを出し合う

11月の新刊3冊

推す力

人生をかけたアイドル論

作家／アイドル評論家
中森明夫

アイドルを論じ続けて40年超。「推す」という生き方を貫いた稀代の評論家が描く〈アイドル×ニッポン〉の半世紀。懐かしさと新鮮な発見に満ちたエピソード満載。

定価1,100円
978-4-08-721289-1
B.社会

スポーツウォッシング

なぜ〈勇気と感動〉は利用されるのか

ジャーナリスト
西村 章

「スポーツはクリーンですばらしい」の思い込みを悪用、社会の歪みを覆い隠す…その構造を解き明かし、現代スポーツの問題点といかに向き合うべきかを問う。

定価1,144円
978-4-08-721290-7
H.ホビー・スポーツ

パートナーになっていただけるのであれば非常にありがたい』という説明をするようにしています。

スポーツは元々、公共財という側面が大きいので、そこに出資する企業にとっても元が取れるか取れないかという費用対効果以上に、これからはその公共財をともに育てるという発想や役割が重要になってくるのではないかと思います。

近年は、投資家も企業のＥＳＧ（環境・社会・ガバナンス）に注目するようになりました。従来は財務情報の中に企業のすべてが詰まっている、という考え方でしたが、今では財務諸表の数字には含まれない環境問題や人権問題などへの対応が重視される傾向にあります。

それに呼応するかたちで、企業のスポーツに対する接し方も、スポンサーシップ型からパートナーシップ型へと変わっていくと思われます。株主資本主義からステークホルダー資本主義、そしてＥＳＧ型資本主義へ――といった流れですかね、ざっくり言えば。でも、こうした考えは、日本には昔からあった。近江《おうみ》商人の『三方よし』なんていう商売哲学は、まさにこれですよ。

そんな時代において、不都合な事実を隠すことをホワイトウォッシングといいますが、スポーツを通じて都合の悪いことを浄化しようと企んでいる企業や国家は、世界の中で居場所を失うでしょうね。マネーロンダリングをやっている国家や企業と同じ運命をたどることになるでしょう」

第二部
スポーツウォッシングについて考える

第六章
サッカーワールドカップ・カタール大会と
スポーツウォッシング

議論を呼んだサッカーワールドカップ・カタール大会

２０２２年11月にカタールで開催されたサッカーのワールドカップは、日本でも大いに盛り上がった。このサッカー界最大のイベントは、スポーツ興行としてもオリンピックに次ぐ世界的に大規模な大会だけに、熱心なサッカーファンだけではなくカジュアルなスポーツ好きからもいつも幅広い注目を集める。今回も開催時期が近づくと、新聞・テレビ・オンラインメディアの報道は次第に熱を帯び、やがてスポーツニュース全体に占める報道量はサッカー一色に染まっていった。

日本代表はグループステージを首位で通過し、決勝トーナメントでは対クロアチア戦で敗れて準々決勝進出を逃したものの、そこに至るまでの選手たちの活躍と健闘には日本国じゅうが沸いた。また、決勝戦のフランス対アルゼンチンはＰＫ戦までもつれ込むドラマチックな試合内容で、多くの人々を魅了した。

ＦＩＦＡの総括[*1]によると、この決勝戦が行なわれたルサイル・スタジアムの観戦者数は８万８９６６人。全世界の視聴者数は約15億人に達したという。ちなみに、カタール大会のスタジアム観戦者数の総計は、前回（ロシア大会：２０１８年）の３００万人を上回る３４０万人。また、ソーシャルメディアではさまざまなプラットフォームで９３６０万のポスト（投稿）と59億５０００万のエンゲージメント（深い関心や認知）、２６２０億の総リーチ数があったとするニールセンの報告を紹介している。

2022FIFAワールドカップ・カタール大会が間近に迫ったドーハのハマド国際空港では、搭乗ゲート近くにあるデューティフリープラザに巨大なサッカーボールを展示していた。
撮影／西村 章

これらの数字を見れば、２０２２年の大会は確かに大成功を収めたといえそうだ。２２００億ドル（約30兆円）を超える金額を投入して都市を整備し、スタジアムを建設して、カタールという中東の小国はサッカーという強力なソフトパワーで確実に世界的な存在感を高めた。

だが、この大会は、かつてないほど大きな議論を呼んだ大会でもあった。

競技場建設などの苛酷な労働で多くの移民労働者が落命したこととその補償問題、また、性的少数者に対する抑圧といった前時代的な人権の取り扱いに対して、世界的な注目が集まるようになっていたのは、第一章でも紹介したとおりだ。また、大会が近づくにつれ、サッカーの熱狂でこの問題を押し流そうとするスポーツウォッシングだと指摘する議論は、ヨーロッパを中心に少しずつ大きくなってきた。

たとえば、フランスのある地方新聞は、大会を「ボイコット」して記事をいっさい報道しないと発表した。[*2] 同じくフランスでは、パリやマルセイユ、ストラスブールなど複数の大都市が、ビッグスクリーンで多くの人々が観戦するファンゾーンを設置しないと決定。[*3] オーストラリアの代表チームは、カタールの人権状況を批判する声明を、大会開催が迫る10月27日に発表した。[*4]

また、デンマークのスポーツブランド・ヒュンメルは、同国代表のユニフォームデザインを地味なものにし、サードキットのカラーに黒を採用することでカタールへの抗議を表明した。[*5] デンマーク代表はさらに、選手たちが通常なら行動をともにする家族を帯同せず、単身で現地へ遠征に赴く、とも明らかにした。[*6]

このデンマーク代表チームをはじめ、イングランド、フランス、ドイツ、オランダなど7チームのキャプテンは、LGBTQ＋の権利支持を意味するレインボーカラーをハートマークに配して多様性と包摂性を象徴する〈One Love〉デザインの腕章を着用すると表明した。しかし、FIFAからイエローカードなどの制裁を科されるおそれがあるとして、最終的には着用を断念するに至った。

FIFAが〈One Love〉腕章に対して厳しい態度を見せたのは、選手たちに対してピッチ上では政治的に中立であることを求めているからだとされている。「政治的中立性」という主催者側の大義名分と、平等を訴えようとする選手たちは、過去にも大きなスポーツ大会でたびたび対立してきた。多様性の支持や差別反対を訴える選手たちの意思表示行動ははたして政治的活動なのか、という課題については、第八章で詳細に検討する。ここではひとまず、この見解の対立には長い歴史がある、という指摘にとどめておきたい。

当初に予定していた〈One Love〉腕章を着用できなかったことに対して、前述の7チームが所属するサッカー協会は、共同声明でFIFAの決定に対して不満の意を表明している。[*7] また、ドイツ代表の選手たちは、初戦の対日本戦で試合前に集合写真を撮影する際、片手で口を覆うジェスチャーで抗議を示した。その様子は、対戦国だった日本のメディアでも広く報道された。

ＦＩＦＡは、準々決勝以降に予定していた〈No Discrimination（差別反対）〉キャンペーンの腕章を、グループステージから着用できるように前倒しした。イングランド主将は、初戦のイラン戦で〈One Love〉腕章のかわりにこれを着用。一方で、選手たちはキックオフ前にピッチに片膝をつくジェスチャーで、差別反対の意思を示した。

何度も紹介したとおり、このピッチに片膝をつくしぐさは、ＮＦＬのコリン・キャパニックが２０１６年の試合前に行なったことで知られるようになった。キャパニックがこのジェスチャーを行なったときは、当時の大統領ドナルド・トランプが「スポーツに政治を持ち込む言語道断な所業」と口を極めて非難し、大統領の支持者たちもその非難に賛同してキャパニックを責めた。だが、そのしぐさはやがて差別反対の象徴となり、東京オリンピックやカタールのサッカーワールドカップが開催された時期には、すでに「政治的」に強烈なジェスチャーと見なされなくなっている事実は興味深い。

イングランド代表たちがピッチに片膝をついたこの試合では、さらに強烈な「政治的ジェスチャー」があった。

それは、イングランドと対戦したイラン代表の選手たちの行動だ。彼らは、試合前の国歌斉唱で全員が口を閉ざして歌唱を拒否し、国内で広がる反政府運動に連帯する意思を示した。BBCによると、イラン国営放送の中継はこの国歌斉唱部分をカットして別の映像に切り替えたという（ちなみに、イラン代表選手たちはその後の試合では国歌を斉唱している）。

いずれにせよ、このカタール大会は過去になくさまざまな「政治的」イシューに大きな注目が集まった大会だったことは間違いないだろう。

日本サッカー協会からの回答

ここまでに紹介してきた各種の情報は、その気になってウェブサイトを少し検索すれば誰でも簡単にたどり着けるものばかりだ。だが、日本のメディアでは、特に大会の開催前にはこれらのニュースはあまり大きく報じられることがなかったようだ。

たとえば全国紙や地上波のテレビ放送では、せいぜいが外電の紹介として小さく紹介される程度で、スポーツニュースの枠内でこの問題に真っ正面から切り込んだ記事や企画はなかったように思う。テレビのスポーツコーナーや新聞のスポーツ面は、いずれも日本代表に対する期待や大会前の仕上がりに関するレポートに終始した。

もちろんそれらの情報は、彼らを応援するファンにとっては重要で貴重なニュースだ。

だが、カタール大会が近づくにつれて世界的に大きな注目が集まっていた多様性の支持や差別反対という課題について、日本のサッカー界や選手たちははたしてどんなふうに考えているのか、ということは日本のニュースからいっさい見えてこなかったし、聞こえてもこなかった。彼らは欧州のチームや選手たちと何らかのかたちで連帯の意思を示そうとしているのか、あるいはそのような「政治的」イシューには立ち入らず、距離を保つのか。

後に、日本サッカー協会会長の田嶋幸三氏が、11月22日に現地の日本取材陣の質問に対して、「今はサッカーに集中するとき」という旨の発言を行なったことが一斉に報じられたことで、日本代表の姿勢は明らかになった。だが、大会開催が近づく初秋の段階では、このあたりの情報はよくわからないままで、まったく判然としなかった。

そこで、この疑問を日本サッカー協会に直接投げかけてみることにした。

取材を申し込む際に、近日中で先方の都合がよい日時に30分程度の直接の対面取材を希望している旨を伝え、対面取材が難しい場合にはＺｏｏｍなどのリモート取材をお願いできればありがたい、それも難しい場合には、できれば書面による回答をお願いしたい、という内容の依頼状を10月10日に送付した。取材依頼の送付文面は以下のとおり。

（前段略）現在は11月20日に開幕する２０２２ＦＩＦＡワールドカップカタール大会について取材を進めています。この大会については、開催前のスタジアムや関連施設建設の際に多数の移民労働者の方々が犠牲になったことが以前から報じられており、また、開催地であるカタール国は同性愛を違法とする等の人権問題についても懸念が表明されてきました。

これらの諸問題に対する抗議の表明や人権意識啓発として、たとえばフランスではファンゾーン設置を取りやめる都市が出てきたり、地方新聞によっては大会報道を拒否する等の措置を執るところもあるようです。また、最近では、デンマーク代表のユニフォームを担当したヒュンメルが、同国代表の地味なデザインはカタールの苛酷な労働に対する抗議であることを公式に表明し、イングランドサッカー協会もこれらの建設で落命し負傷をした労働者たちへの補償について協力することを発表したとも報じられています。
この問題について日本サッカー界はどのように捉えているのか、また大会に向けて何らかのアクションを取る予定がおありかどうか、ということについて日本サッカー協会のご担当者様からお話やご意見を伺いたく、取材の申し込みをさせていただく次第です。（後段略）

回答がないまましばらく時間が経過し、再度取材依頼を中押ししようかと考えていた10月21日に、日本サッカー協会広報部から返事がメールで届いた。以下にその回答全文を紹介する。

日本サッカー協会（ＪＦＡ）は国際サッカー連盟（ＦＩＦＡ）の加盟団体として、ＦＩＦＡが定める規則や規約、ポリシーに従って活動しています。競技そのものだけでなく、紛争や自然災害なども含めてあらゆる社会課題の解決について、ＦＩＦＡやＦ

ＩＦＡに加盟する各国のサッカー協会と連携を取りながら行なっている活動も含まれています。

サッカーは、国籍や人種、言語、宗教、国際情勢などの枠を超えて世界の人々との相互理解や友情を深めることができる力を持ったものでもあり、今回ご連絡いただいた内容についても、ＦＩＦＡおよび世界中のサッカーファミリーとともに、人権を尊重することにコミットし、人権保護の促進に取り組んでいくものと考えています。こうしたことは継続して活動に取り組んでいくことが重要であり、あらゆる人権上の問題を撲滅すべく、ＦＩＦＡおよび世界中のサッカーファミリーとともに、更なる人権保護の促進に向けて取り組んでいく必要があると考えています。

ＪＦＡの人権保護に関する考え方として、ＪＦＡが行っている日本国内での取り組みをご参考までにお伝えいたします。昨今のように暴力や差別、ハラスメントなどが社会の中で大きな注目を集めるようになった遥《はる》か以前の１９８９年から、ＪＦＡは指導者や選手、関係者に広くフェアプレーやリスペクトの大切さを広める活動をしてきました。1998年には「JFAサッカー行動規範」を策定し、2009年には「リスペクトプロジェクト」を発足させて啓蒙《けいもう》活動に力を注いでいます。同じく2009年7月には、国際連合が提唱する「国連グローバル・コンパクト」に日本国内で93番目の企業・団体として、スポーツ団体としては世界で初めて登録されています。更に、JFAは、日本の中央競技団体としてはじめて、ユニセフ（国連児童基金）と日本ユニセフ協会が2018年11月20日に発表した「子どもの権利とスポーツの原則（Children's Rights in Sport Principles）」に賛同し、それを参考に2019年5月には「JFAサッカーファミリー安全保護宣言」を発表するとともに、上記国連グローバル・コンパクトとUN Womenが共同で作成した「女性のエンパワーメント原則」にも署名し、スポーツ界の女性活躍を推し進めるべく、「JFA女性リーダーシップ・プログラム」を実施するなど、諸問題の解決に継続して取り組んでいます。

一読した印象では、質問状で挙げた事柄について何も具体的な回答がなく言及もしないまま、当たり障りのない文言で一般論を述べている文章、という印象は拭い難い。

カタールで建設作業などに従事した移民労働者の死亡補償と救済の要求、同国での人権抑圧状況への抗議などについて、積極的な行動を起こしているチームや選手たちに連帯を示す意思が日本代表チームや選手たちにもあるのか、あるとすればどのような行動を取るのか、という質問に対する具体的な言葉は何もない。

上記回答文中の「今回ご連絡いただいた内容についても、ＦＩＦＡおよび世界中のサッカーファミリーとともに、人権を尊重することにコミットし、人権保護の促進に取り組んでいくものと考えています」というくだりに、質問に対する漠然とした関連をわずかに感じ取れるかどうか、という程度だ。では、そのために自分たちはどうするのか、何をしなければならないと考えているのか、という具体性は何も記されていない。むしろ、ＪＦＡはＦＩＦＡの下部組織である以上、（イングランドやオランダのサッカー協会が見せたような）意見を対立させる気は毛頭なく、その意思決定に従う、という従順な姿勢のほうが透けて見える。

全体としては、言質《げんち》を取られないように具体的な固有名詞や事象には触れないまま、自分たちは人権保護啓発活動に積極的に取り組んできたと主張する、いかにもお役所的で事なかれ主義のような文章だ。

のれんに腕押しのようなこの文章の真意は、11月22日に田嶋幸三氏がカタール現地で日本メディアの取材に対応した際の言葉にすべて集約されている。

共同通信やＮＨＫニュースは、この取材で田嶋氏が「今この段階でサッカー以外のことでいろいろ話題にするのは好ましくないと思う」「あくまでサッカーに集中すること、差別や人権の問題は当然のごとく協会としていい方向に持っていきたいと思っているが、協会としては今はサッカーに集中するときだと思っている。ほかのチームもそうであってほしい」と述べた、と伝えている。

この言葉からわかるのは、田嶋氏、そして日本サッカー協会は「スポーツに政治を持ち込まない」とするＦＩＦＡの見解に疑問を差し挟まず、ただ言われるままに従う、という官僚主義的で権威に従順な態度だ。

一部のメディアは取り上げたものの……

スポーツの舞台で人権啓発を訴えることは、はたして政治的な言動なのか、という非常に現代的な課題と真摯に向き合って考えようとする誠実な姿勢は、JFAの回答からは残念ながら感じられない。そして、この事なかれ主義は、おそらく日本の活字・放送メディアのスポーツ報道にも通底しているようにも思える。だからこそ、活字メディアのスポーツ面やテレビのスポーツニュースのコーナーは、カタール大会でホットなトピックだったこの問題に触れず、正面から論じることを避けたのだろう。

ただし、その一方で日本のサッカー界が総じて、反人種・民族差別の啓発運動に積極的かつ前向きに取り組んできたことは事実として指摘しておくべきだろう。たとえば、やや旧聞に属するが、２０１４年の浦和レッズ差別横断幕に対する無観客試合という対応、そしてその後にメディアや選手、関連団体で闊達《かったつ》に行なわれた議論は、当然あるべき健全さと差別を許さないという彼らの矜持をよく示している。

だが、第四章で平尾剛氏が指摘し、後段の第八章でも山本敦久《あつひさ》氏が詳細に論じている〈アスリート・アクティビズム〉については、上記のＪＦＡ回答文書や田嶋氏発言から類推する限り、どうやら日本サッカー界の総意は前向きではなさそうだ。

これは、〈アスリート・アクティビズム〉にとって選手たち個々人の活動と両輪をなすスポーツメディアに対してもあてはまる。カタール大会期間中の日本のスポーツメディアは、活字も放送も揃って、勇気と感動の類型的な物語を飽きることなく再生産し続けた。それは1年数ヶ月前の東京オリンピックで見せた風景と同じものだった。

しかし一方では、このカタールワールドカップを契機に、新聞の総合面やオンラインメディアのニュースでは、スポーツウォッシングについて言及する記事や考察が散見されるようにもなってきた。また、それらの記事の中には、たとえば「静岡新聞」*8のように、ヨーロッパを中心としたカタールワールドカップに対する問題提起やアクションはイスラム世界に対する偏見で過剰なポリティカルコレクトネスだ、と反発する人々の声を拾い上げる複眼的な視点のレポートや、スポーツウォッシング批判に対する中東側からの反論を紹介する「朝日新聞」記事*9などもあった。

と、このように活字メディアの動向を見渡してみると、「政治的」な問題に注目が集まったサッカーワールドカップ・カタール大会は、日本でもスポーツウォッシングについて多少なりとも議論を広げる効果があったようだ。

しかし、放送メディア、特に地上波テレビ放送は総じてこの問題を取り扱わない。腫れ物に触るどころか、むしろ「君子危うきに近寄らず」とでもいうような沈黙が続いている。

なぜ、テレビはスポーツウォッシングの問題から目をそらし、距離をおき続けるのか。

次章では、その理由について考察をしたい。

註

＊1 https://www.fifa.com/tournaments/mens/worldcup/qatar2022/news/one-month-on-5-billion-engaged-with-the-fifa-world-cup-qatar-2022-tm

＊2 https://www.liberation.fr/sports/football/un-journal-de-la-reunion-boycotte-la-coupe-du-monde-au-qatar-20220913_54V63DXPAJHR3NOQICXKQQ2IFA/

＊3 https://www.france24.com/en/sport/20221004-french-cities-ditch-world-cup-festivities-to-protest-qatar-s-record-on-human-rights-environment

＊4 https://news.sky.com/video/world-cup-2022-australian-mens-football-team-calls-out-qatar-on-human-rights-record-12731181

＊5　https://www.espn.com/soccer/denmark-den/story/4756081/world-cup-denmark-kit-to-protest-qatars-human-rights-record-at-2022-tournament

＊6　https://www.reuters.com/lifestyle/sports/denmark-will-travel-qatar-without-families-human-rights-protest-report-2022-10-04/

＊7　https://www.eurosport.com/football/world-cup/2022/with-a-heavy-heart-european-teams-abandon-one-love-armband-protest-under-fifa-pressure_sto9237838/story.shtml

＊8　https://www.at-s.com/news/article/national/1170338.html

＊9　https://digital.asahi.com/articles/ASR1N2VL3R1NUHBI001.html

第二部
スポーツウォッシングについて考える

第七章
テレビがスポーツウォッシングを絶対に報道しない理由
——本間 龍氏に訊く

写真提供／清水有高

本間 龍（ほんま・りゅう）

1962年生まれ。著述家。1989年に博報堂入社。2006年に退社するまで一貫して営業を担当。広告が政治や社会に与える影響、メディアとの癒着について追及。近年は憲法改正の国民投票に与える影響力について調べ、発表している。主な著書に『東京五輪の大罪―政府・電通・メディア・IOC』（ちくま新書）、『ブラックボランティア』（角川新書）、『メディアに操作される憲法改正国民投票』（岩波ブックレット）、『広告が憲法を殺す日―国民投票とプロパガンダCM』（集英社新書・共著）、ほか多数。

２０２１年の東京オリンピックを機に注目が集まり、日本でもようやく議論され始めたスポーツウォッシングは、２０２２年のサッカーワールドカップ・カタール大会でさらに注目を集める用語になった。しかし、活字メディアで「スポーツウォッシング」という用語が散見されるようになったのとは対照的に、テレビでは依然としてこの言葉を耳にすることがない。

なぜ、放送メディアはスポーツウォッシングに対して沈黙を守り続けるのか。広告代理店博報堂出身の著述家・本間龍氏に「テレビ業界のロジック」について訊いた。

なぜテレビはスポーツウォッシングを報じないのか

２０２２年のサッカーワールドカップ・カタール大会以降、オンラインや紙媒体を問わず「スポーツウォッシング」という文字を活字メディアで目にする機会が増えた。オンラインメディア記事はＧｏｏｇｌｅなどで検索すれば即座に多数ヒットするため、ひとまずここでの例示は控えるが、たとえば新聞記事には以下のような例がある。
〈不都合を覆い隠すな「スポーツウオッシング」に警鐘　サッカーW杯〉（「毎日新聞」2022年11月26日付）
〈浪速風／スポーツウォッシング〉（「産経新聞」2022年12月23日付）
〈ゴルフやサッカー投資への「ウォッシング」批判　サウジ閣僚が反論〉（「朝日新聞」2023年1月20日付）等々……。

とはいえ、これはあくまでも活字情報に限った話だ。映像情報の場合、スポーツウォッシングについてテレビなどの放送メディアで解説・議論されるような機会はまず目にすることがない。

東京オリンピック、サッカーワールドカップの実況中継や関連スポーツニュースで、スポーツウォッシングについて言及した番組はおそらく皆無に近かったのではないか。地上波・BS・CS、あるいはネット番組などの関連番組をしらみつぶしにチェックしたわけではないので拙速な断言はできないけれども、少なくとも自分が目にした範囲では、「スポーツウォッシング」という言葉をこれらの大会中継やニュース番組などで耳にしたことは一度もなかった。

2022年の北京冬季オリンピック開催時期には、時事トピックを扱う番組でコメンテーターが「スポーツウォッシング」という言葉を使っていたのを見かけたことがあったので、映像メディアがまったく触れないようにしているわけではないのかもしれない。

とはいえ、オリンピックや各種競技の中継番組、スポーツニュースでは、「スポーツウォッシング」という言葉はまったく耳にする機会がない。

サッカーワールドカップ・カタール大会の開催前には、ホスト国カタールの国営放送局・アルジャジーラも大会に対する批判が高まっていることを、隠すことなく取り上げている[*1]。だが、日本のスポーツニュースを観ているだけだと、まるでそんなものは最初からこの世に存在していないかのように錯覚してしまうほどだった。テレビのスポーツ番組は、スポーツウォッシングという問題にとって大きな当事者のひとりであるはずなのに、なぜ、徹底して見て見ぬ振りを続けるいびつな状況が続くのか。

テレビはスポンサーの機嫌を損ねることは絶対にしない

「テレビにとって、スポーツイベントは最後の聖域だからですよ。文句なしに視聴率が獲れるし、いいカードであればあるほど安定したスポンサーがつく。だから、テレビ業界的にいえばスポーツウォッシングという問題は『あり得ないこと』なのだと思います」

そう指摘するのは、元博報堂社員という経歴を持つ著述家の本間龍氏だ。広告が社会に与える影響やメディアとの癒着などについて多くの著書がある本間氏によると、スポーツウォッシングという言葉がテレビの中継やスポーツニュースでいっさい取り上げられないのは、番組を支えるスポンサーの影響力がやはり大きいからだ、という。

「新聞の社会面や活字メディアなどのように、報道では軽く触れることがあるかもしれません。とはいえ、テレビの場合は報道番組といえどもスポンサーがついているわけです。それらの中でも、たとえばゴールデンタイムといわれる時間帯にスポンサーをしている企業は、スポーツ大会や選手たちのスポンサーになっている場合も多い。そうすると、番組や実況中継で『じつはスポーツウォッシングというものがあって、目隠しされている問題が山のようにある。スポーツがそれに利用されている』という話は、テレビとしてはタブーになりますよね。まずはスポンサーありき、で考えるテレビにとって、スポンサーの機嫌を損ねるようなことは絶対にやりたくないわけですから。

そのスポンサーとテレビ局の間に介在しているのが、電通や博報堂という広告代理店です。広告代理店ならスポンサーの顔色をうかがって、テレビ局に『そういうものを番組で取り扱うのはやめてくれ』と当然言いますよね。スポーツウォッシングの話題に触れることがスポンサーを直接批判する行為ではないにしても、間接的とはいえスポンサーが行なっている活動の否定につながりかねない。そんな地雷を踏むと、スポンサーが機嫌を損ねて離れてしまうかもしれない。

視聴率が高いスポーツ中継のスポンサーは、億単位のスポンサー料を支払える大企業が多い。そういう企業の機嫌を損ねて、もしスポンサーを降りられたら、その企業がスポンサーになっているほかの番組の提供にも悪影響が出るかもしれない。そういう恐怖感が彼らにはとても強い。『それならば、そんな危なっかしいことには最初から手を出さないでおきましょう』というわけです。

たとえば、サッカーなどの競技に出資をしていて、テレビ番組にも広告を出している企業はたくさんあります。テレビで、ある番組がスポーツウォッシングを取り上げたとすると、視聴者の中にはそれをスポンサー企業に対する批判だと解釈する人が出てくるかもしれない。広告代理店やテレビ局の立場からすれば、そんなことは絶対にあってはならないわけです。日本的な事なかれ主義であり忖度《そんたく》文化とは、そういうことです。海外の場合だと、こういうことにはならないと思うんですが」

目の前にある問題に対して〈事なかれ主義〉を全開にして、そんなものはまるで存在しないかのように振る舞う日本企業と、問題を直視してあくまで正面から向き合おうとする外国企業の姿勢の差が典型的に表れた例がある。大坂なおみ選手をめぐる、日清食品とNIKEの対応の〈差〉だ。

大坂なおみの行動に対するNIKEと日清食品の姿勢の差

2020年の全米オープンテニスの際に、BLM運動を支持する彼女は、警官の暴行で犠牲になったアフリカ系アメリカ人たちの名前を記した黒いマスクを着用して会場に登場した。このアピールは、運動の盛り上がりともあいまって世界的にも大きな話題になった。

大坂選手のスポンサー企業であるＮＩＫＥは、即座に彼女の行動を支持すると表明してファンやユーザーからの共感を集め、世界のメディアにも高く評価された。一方、日清はこの大坂選手の姿勢にはいっさい言及せず、「かわいい」というイメージを押し出すような応援メッセージを自社の公式ＳＮＳに寄せた。だが、このあまりに露骨な事なかれ主義的姿勢は、かえって大きな批判と反発を招く事態になった。

日清はこの前年にも、大坂選手の肌の色を白く演出したアニメーション広告で物議を醸したことがある。この日清とＮＩＫＥの対応の差は、企業の社会責任に対する姿勢が明確に分かれた典型的な例だろう。この事例は、日清が日本企業の中でもことさら波風を立てることを嫌う社風だったから発生した特殊な出来事ではなく、おそらくどの日本の企業にも通底している社会的な体質の一端が表れたにすぎない。

これらの問題についても、本間氏は、

「日本の場合、あまりとがったことはしたくない、という姿勢がどのスポンサー企業にも共通していますよね」

と指摘する。

「ＮＩＫＥのように、大坂なおみさんの主張を全面的にバックアップする姿勢を見せたり、人種・民族差別に反対するＣＭを率先して制作するようなことは、日本企業の場合はまずあり得ない。

では、広告代理店はまったく骨太の提案をしないのかというと、じつはそうでもないいんですよ。たとえばＡ、Ｂ、Ｃ案と出してくる中には『一応こういう方向性もありますよ』といったふうに、社会的なメッセージの入った提案もする。だけど、そういうものを提案はしてみても、まず採用されることがない。日本の企業は、そもそも社会的な問題を議論することに慣れていないし、メッセージに賛成してくれるユーザーがいたとしても、反発してくるであろうユーザーに対応することが面倒くさいんですよ。それなら、いっそのこと最初からやらないほうがいい。波風を立てないこと、これは昔も今も日本企業の不文律です。

そういう（社会的主張やメッセージ色が強い）ものを求める視聴者がこれだけいる、という確固たる〈数字〉が出てくれれば変わる可能性もあるのかもしれないけれども、自らそれを探りにいこうとする気概は日本企業（スポンサー）にもテレビ局にも見られません。メディアの体質として、テレビ局は特にそうです。広告代理店の売り上げのうち4割近くはいまだにテレビで、つまりテレビはそれだけ彼らに依存しているわけだから、売り上げ減につながるようなことを自分たちでやるわけがない。そういう危険なことはいっさいしない、というのがテレビ局側の論理でしょう。

スポーツ番組や実況中継は、いわば〈映しておけばいいだけ〉の最高級コンテンツなんだから、そのコンテンツを危うくするようなことを自ら言うはずがない。（スポーツウォッシングに言及することが）スポーツ自体の否定ではないとしても、わずかでもそういう臭いのしそうなものは全部徹底的に排除する、という考え方ですね」

電通抜きではオリンピック開催は無理。贈収賄・談合はまた起こる

スポーツウォッシングという今日的な問題は、日本のスポーツ番組の中ではあくまでも存在しないことになっている。しかし、東京オリンピックについていえば、この巨大イベントがつくり出した陰の部分は、次々と白日のもとにさらされてきた。

電通元専務の大会組織委員会元理事が収賄容疑などで逮捕され、ＫＡＤＯＫＡＷＡ会長は贈賄で逮捕、組織委員会元次長ほか数名も独禁法違反容疑で逮捕され、電通グループ・博報堂・東急エージェンシーなど６社が起訴された。そもそも、招致当初にはコンパクトな大会を標榜《ひょうぼう》していたはずが、大会予算はどんどん膨れ上がってゆき、最後には談合汚職事件として「清算」されることになってしまうのは、予想されたこととはいえ、今さらながら「お粗末」以外の言葉が見あたらない。

この組織委員会元次長が逮捕される前日には、車椅子テニスの世界的スーパースター、国枝《くにえだ》慎吾氏が引退会見を行ない「東京パラリンピックで優勝したことが一番の思い出になった」と述べていた。プロフェッショナルアスリートの最高のステージが、利権と私欲の温床として、いわば「スポーツマネーロンダリング」の道具に利用されていたという事実は、そのアスリートの業績が偉大で輝かしいほど、どうしようもないむなしさや無常観がさらに強く漂う。

本間氏もこのように言う。

「この談合事件では、フジテレビの子会社であるフジクリエイティブコーポレーションの専務も逮捕されました。しかし、フジテレビはその事実を隠したいためか、逮捕に関するニュースをほとんど報じていません。つまり、フジテレビしか見ていない視聴者は、談合事件で4人が逮捕された事実さえ知らないことになるわけです。自社の犯罪とすらまともに向き合えないテレビ局が、より大きな問題であるスポーツウォッシングについて報道できるはずがありません」

この一連の事件は、捜査と裁判を通じて問題の根幹まで徹底的に洗い出され、旧弊な贈収賄と談合の日本的体質が是正されていく契機になるのだろうか。おそらくそんなふうに楽観視している人はきわめて少数だろうし、同じようなことはかたちや場所を変えて今後も繰り返されていくのだろう。実際に、この東京オリンピック・パラリンピックをめぐる汚職談合事件は、あくまで属人的な私利私欲の事件として落着しそうな流れに見える。オリンピックという「スポーツマネーロンダリング」装置の徹底的な検証に踏み込むことは、どうやらなさそうだ。同じことは、今後もきっとまた繰り返される。

本間氏が危惧し指摘するのも、この点だ。

「収賄で逮捕されたとか談合で逮捕されたとかは報じるけれども、オリンピック全体の総括をしたのかというと、どこもやらないわけです。誰もまともな総括をせずに税金と集めたカネを垂れ流して終わる。みんなが一番心配していた最悪のパターンを堂々とやっている。だから、札幌オリンピックを招致したって同じことが起きますよ。

札幌市の秋元市長は『特定の広告代理店に依存した体質を見直す』と言っているようですが、電通を使わずに自治体主導であれだけの巨大なオリンピック業務をはたしてできるのか。現実問題としてそんなものは〈絵に描いた餅〉で、かなり難しいでしょう。だから、一番いい対策は札幌にオリンピックを最初から招致しないことです」

「北海道新聞」が２０２２年12月に行なった調査によると、札幌オリンピック招致は札幌市民の67％が反対、道全体でも61％が反対と回答している。全国に対象を広げたとしても、おそらくこの傾向に大きな差はないだろう。だが、２０２３年４月に行なわれた統一地方選挙では札幌市長選で現職の秋元氏が勝利し、選挙終了後も招致活動を継続していく、とした。しかし、その後も市民の機運が盛り上がることはなく、同年10月11日に２０３０年に向けた招致の断念を正式発表した。

それにしても、競技に参加する当事者であるアスリートたちは、札幌オリンピック招致の是非についていったいどう思っていたのだろう。やはり世界一のメガスポーツイベントである以上、一世一代の晴れ舞台で栄光を摑《つか》むために母国開催を望んでいたのか。あるいは、巨大な集金装置の客寄せパンダとして扱われるのであれば、そんなところでは競技をしたくない、と考えたのか。それともその狭間《はざま》で思い悩み、現在の歪んだ運営体質が改まれば参加をしたい、と組織の健全化を要求するつもりだったのか。

今に始まったことではないが、競技場やトレーニングで汗をかいているとき以外の日本人アスリートたちの「表情」は、なぜかまったく見えてこない。彼ら彼女らの声や意見を糾合できるのは招致委員会やスポーツ庁、各競技団体なのだろうが、彼らこそが〈日本的事なかれ主義〉の権化のようにも見える。これらの諸団体からはむしろ、アスリートたちが声を上げないことをよしとしているような雰囲気すら漂ってくる。

サッカーワールドカップ・カタール大会でも、それは顕著だった。日本サッカー協会会長の田嶋幸三氏が「サッカー以外の話題は好ましくない」と、選手たちが意見を表明しないことを推奨する旨の発言を行なったときには、それを好意的に受け止めたファンの声も多かった。

実際に、この章の冒頭でも述べたとおり、日本のテレビ放送は徹底して無色透明なスポーツ中継に終始した。視聴者の話題が、日本代表チームの劇的な試合内容に集中するのは当然とはいえ、波風を立てず当たり障りのない中継をよしとするメディアや企業の姿勢は、スポーツを観賞するファン／視聴者の態度の合わせ鏡でもある。

つまり、「スポーツに政治を持ち込まない」という大義名分の傘の下で社会に無関心であり続ける姿は、日本のメディアや企業姿勢の問題であると当時に、アスリートたちや、そしてそれを支えている我々自身の問題でもある。

「スポーツに政治を持ち込まない」ことはオリンピック憲章にも記されている。だが、はたしてそれは、アスリートたちが世情に背を向け黙っていることと同義なのか。

次章では、スポーツと人権、アスリート・アクティビズムについて考えを進めたい。

註

＊1　https://www.youtube.com/watch?v=T7O01mOk7_g

第二部
スポーツウォッシングについて考える

第八章
植民地主義的オリンピックはすでに〈オワコン〉である
——山本敦久氏に訊く

山本敦久（やまもと・あつひさ）

1973年生まれ。成城大学社会イノベーション学部教授。専攻はスポーツ社会学、カルチュラルスタディーズ、身体文化論。著書に『ポスト・スポーツの時代』（岩波書店）、『アスリートたちが変えるスポーツと身体の未来―セクシュアリティ・技術・社会』（同・編著）、『東京オリンピック始末記』（同・共著）など。

ＢＬＭ運動の高まり以降、人種差別反対や性的マイノリティの権利支持を積極的に表明するアスリートたちの姿が以前よりも目立つようになった。彼ら彼女らの行動や発言を勇気あるものとして応援する人々がいる一方で、それを「政治的発言」として忌み嫌う声も相変わらず多い。では、「政治」と「人権」の境界はどこにあるのだろう。そこに線を引いて区別することははたして可能なのか。そもそも、なぜ人々はスポーツの舞台に「無菌室」であることを求め、アスリートが沈黙することを容認するのか。

スポーツ・アスリートと社会の間に横たわる〈境界〉の構造と、それが揺らぎつつある現在の姿について、成城大学社会イノベーション学部教授・山本敦久氏に訊いた。

F1ドライバーもMotoGPライダーも声を上げた

「スポーツに政治を持ち込んではならない」

アスリートが守るべき金科玉条として、昔から繰り返されてきた言葉だ。しかし、スポーツの世界で不文律とされてきたこの〈ルール〉は、特にこの数年、さまざまな競技で選手たちが多くのアクションを起こしたことで、その意味が大きく問われ、揺さぶられてもきた。

ここまで何度も例に挙げたように、2020年の全米オープンテニスでBLM運動の支持を表明した大坂なおみ選手や、2022年のサッカーワールドカップ・カタール大会で出稼ぎ労働者の苛酷な就労実態と性的マイノリティ差別に抗議の意思を示したヨーロッパ各国の選手たちの活動は、広く知られるところだ。

また、2022年12月にF1の統括団体は「〈政治的発言〉をする際には事前の許諾が必要」と発表したが、これに対して七度の世界タイトル王者でナイトの称号を持つルイス・ハミルトンは、2023年2月中旬のチーム体制発表会で「自分が関心のあることや目の前の問題について話すことは、誰にも止めることができない」と、毅然とした態度で述べている。ハミルトンは、以前からBLM運動を支持するTシャツを着用してレースに臨み、性的マイノリティへの抑圧が強い中東開催のレースでも、LGBTQ+の権利支持を意味するレインボーカラーの装具を着用して走行をしてきた。この年の開幕戦のバーレーンGPでも、ハミルトンはF1統括団体の牽制《けんせい》にいっさい臆することなく、レインボーカラーのヘルメットでレースを走行した。

個人的な経験も、少し紹介しておきたい。

2020年のMotoGP、9月にイタリアで開催されたサンマリノGPでのことだ。同国出身で、イタリア人を父に、ブラジル人を母に持つフランコ・モルビデッリ選手がホームグランプリを祝する意味合いを込めて、メッセージ色の強いヘルメットでレースウィークに臨んだ。そのヘルメットの頭頂部には、スパイク・リーの映画『ドゥ・ザ・ライト・シング』の登場人物を模した絵柄と、後頭部には英語・日本語・イタリア語・アラビア語などさまざまな言語で〈平等〉という文字が配されていた。

新型コロナウイルス感染症が世界各地で猛威を振るうさなかで、BLM運動も世界的な高まりを見せていた。その時期にこのヘルメットでホームGPに臨む意図を彼に訊ねてみると、真摯な表情で率直な言葉が返ってきた。

「今年(2020年)は、年初からよくないことがたくさん発生した。でも、僕たちは観客の人たちにレースを愉しいと感じてほしいと思っている。だから、メッセージをシリアスでストレートに出すのではなく、できれば軽い感じで表現したかった。

スパイク・リーの映画で、このテーマをとてもうまく扱った『ドゥ・ザ・ライト・シング』という作品がある。その中で、ある登場人物が〈お互いに憎しみ合うのはもうおしまいだ！　タイムアウトだ〉と言うシーンがある。だから、そのキャラクターの姿を自分自身に模して、ヘルメットに描いてみた。そしてもうひとつ、いろんな言語で〈平等〉というメッセージも伝えたかった。皆が平等だということは、新型コロナウイルスが悪いかたちで認識させてしまったけれども、僕たちはいい意味での平等さを忘れないようにしなきゃいけないと思う」

このときの彼の回答の詳細は、今もビデオで視聴できる。[*1]ちなみに、このヘルメットを着用した日曜午後の決勝レースで、モルビデッリ選手は劇的なＭｏｔｏＧＰ初優勝を達成している。

日本のスポーツ界には「社会《ソーシャル》」がない

このように、近年ではさまざまな競技でアスリートたちが積極的に差別反対や平等を訴えているが、これらの行為は自分たちの知名度を前向きに活用した啓発運動として、好意的に受け止められているようだ。

では、日本人アスリートたちの場合はどうだろう。

第二章でも紹介したように、２０２１年東京オリンピックで女子サッカー日本代表が、人種差別に反対する意思表示として試合前にピッチで片膝をつくアクションを見せたことは話題になった。しかし、このようなケースはむしろ例外だ。たとえば２０２２年サッカーワールドカップ・カタール大会でも、欧州の選手たちが人権抑圧に積極的に抗議しようとしていたことを日本人選手たちはどう感じ、考えていたのか。日本メディアの報道からはそれがまったく伝わってこなかったのは前章で記したとおりだ。また、「今はサッカーに集中するとき」という田嶋ＪＦＡ会長発言についても、日本代表選手たちがそれにどう反応したのかは、まったく伝わってこなかった。

「日本のアスリートたちの中で『自分たちが社会を変えていこう』『アスリートだからこそ不条理な社会のあり方を変えられるんだ』と思うような人は、まだかなり少ないと思います」

そう述べるのは、成城大学社会イノベーション学部教授・山本敦久氏だ。山本氏はスポーツ社会学者の立場から、2010年代に世界のアスリートたちが社会の理不尽さにさまざまなかたちで積極的に声を上げ始めたことを、〈ソーシャルなアスリート〉という視点で捉えている。

「2016年には、NFLのコリン・キャパニックが試合前の国歌斉唱で起立することを拒否し、片膝をつく姿勢で人種差別反対の意思を示しましたが、その2年前の2014年にも、NFLの黒人選手たちが試合直前に無言で両手を挙げる無抵抗のジェスチャーで、差別反対の意思を見せていました。

やがてBLM運動は世界的に大きなうねりになり、キャパニックと大坂なおみさんはその中でも際立った象徴的な存在になっていきます。さらに#MeToo運動やフェミニズム運動が活発になる流れもあり、それらが2021年の東京オリンピックにも影響を及ぼすようになってゆきました。

だから、IOCはそれを警戒して2020年に先手を打ち、BLMや#MeToo、フェミニズム運動などがオリンピックの中に入り込まないように『アスリートたちの政治的表現を認めない』と（2020ガイドラインで）釘《くぎ》を差したんです」

このガイドラインに対しては、アメリカ、カナダ、オーストラリアなどの各国オリンピック・パラリンピックアスリート委員会が「アスリートたちの表現の自由を尊重することを求める」という声明を発表した。オリンピックは新型コロナウイルス感染症の影響で1年繰り越しになったが、2021年に開催された大会では、いくつかの競技で選手たちがジェスチャーを用いて明確に差別反対を表明した。

だが、日本人選手はわずかに前述した女子サッカー選手たちが行動を見せたのみで、それ以外はほとんど何も見えなかったし聞こえてもこなかった。日本人選手たちの不鮮明な態度はほかのメガスポーツイベントでも同様で、サッカーワールドカップでの様子はその典型例といっていい。

それにしても、日本人アスリートたちは社会の様相に対してなぜこんなにも「無口」であり続けるのだろう。山本氏は、以下のように解説する。

「日本のスポーツの社会的位置は、エンタテインメントと学校的世界に幽閉されています。アスリートたちは、学校教育の体育的世界かエンタテインメント世界の両極にしか立つことができない社会環境が戦後ずっと続いてきました。

私が〈ソーシャルなアスリート〉という言葉を使ったのは、日本のスポーツ界には『社会』がないからなんです。エンタテインメント的資本主義か学校的空間か、あるいは家族の物語しかない。ソーシャル・社会という領野がすっぽりと抜けていて、『学校の中で活躍すればいい。経済活動の中で企業と一緒になって頑張ればいい、あるいは家族の感動の物語の延長線上にあるナショナリズムの中にあればいい。そういう存在でいいんだ』とアスリートたちは甘やかされてきたんです。

社会というものは、ナショナリズムでもなく家族でもなく経済でもない領野、どこからも均等に距離をとるように構成されていく場であるはずなのに、日本の場合はそこがスポーツと全然結びつかないままきてしまった。

アメリカだと、たとえばボクシングジムが黒人ゲットーの中にあって、そこは重要な社会的空間なんですよね。悪い世界に巻き込まれないように、あるいは貧困状態をサポートする福祉的なセーフティ空間としてボクシングジムがあり、そこでスポーツを楽しむ。そういうかたちで必ず社会に埋め込まれながらスポーツをする環境があるけれども、日本では社会とスポーツが関わり合う場は少ないですよね」

スポーツの常識とされるものが、そもそも政治的に偏っている

過去を振り返れば、1968年のメキシコオリンピックでは、陸上男子200メートル決勝で優勝したトミー・スミスと3位のジョン・カーロスというふたりのアフリカ系アメリカ人選手が表彰台で黒革の手袋をはめた手を突き上げ、黒人差別に対する抗議を示す出来事があった。このとき2位に入ったオーストラリアの白人選手ピーター・ノーマンは、彼らに連帯の意を示してOPHR（Olympic Project for Human Rights：人権を求めるオリンピックプロジェクト）のバッジを胸に表彰台に立った。

スミスとカーロスは「オリンピックで政治的行動をとった」としてナショナルチームから即日除名されて選手団からの追放処分を受け、ノーマンも以後の選手生命を絶たれた（2019年にはアメリカ合衆国のオリンピック・パラリンピック委員会がスミスとカーロスの殿堂入りを発表し、正式に名誉が回復された。一方、オーストラリア人のノーマンは名誉回復がないまま2006年に死去し、2012年にオーストラリアオリンピック委員会がようやく正式に謝罪を

表明した）。

このメキシコオリンピックでの事例は50年以上前の出来事で、競技の晴れ舞台で自分たちの権利獲得に声を上げた選手たちが名誉を回復するまでには半世紀の時間を要した。とはいえ、スポーツと社会の「あるべき関係」に対する世間の理解は、この50年間で大きく変わってきたことは間違いない。だが、「スポーツに政治を持ち込まない」ことをよしとする風潮は、特に日本では今もなお根強い。

たとえば、自らの性的指向を明らかにするアスリートに揶揄《やゆ》や好奇の視線を向けるようなことはさすがにないとしても、もしも彼ら彼女らが同性婚を求めるような発言をすれば、それはたちまち「政治的」主張をしたと見なされるにちがいない。

では、スポーツの場における「政治」とはいったいどういうことなのだろう。

本来、天賦のものであるはずの基本的人権の平等性を求める声や、歪んだ権利状況に対する異議申し立てが、なぜ「政治的」と見なされてしまうのか。

「スポーツには〈政治的零度（ゼロ座標）〉のようなものがあると思うんですよ」

つまり、グラフの縦軸と横軸が交差する原点のような場所にスポーツがあるのだ、と山本氏は考察している。

「座標面の縦軸と横軸のどちらにも偏っていない政治的に純粋な零度の場所にスポーツはいなければならない、と一般的には理解されているのだと思います。

たとえば、パブリックビューイングで皆が日の丸を振ったりニッポンコールの大合唱になったりすることは、じつは国別に競う近代の政治的枠組みですごくナショナリスティックな表現なんですが、それは政治だと言われませんよね。ほかにも、男女別に競技を行なうことだって、これはヘテロセクシュアリティが正常であるという近代がつくりだした規範的なジェンダー二元論の政治です。でも、ナショナリズムや、ヘテロセクシュアルを正常だとするあり方が〈政治的零度〉の位置にあるので、純粋で自然なものだと見なされている。

つまり、この〈零度〉の位置がすでに偏った政治であり、そこは政治的に真っ白だという前提がスポーツの中にあるので、それを修正したいと思って少しでも座標を動かそうとすると『政治的行為だ』と言われてしまう、というわけです。

でも、その零度の位置にあってスポーツの常識とされているものが、多様化する社会の中でそろそろ堪えきれなくなってきている。だから、その零度の位置は、はたして妥当なのかどうか、と我々は繰り返し問い直していく必要があると思います」

この〈政治的零度〉の位置を動かそうとしない近代スポーツという保守的なシステムが、スポーツそのものをスポーツウォッシングしているのではないか、とも山本氏は言う。

「世の中の不都合をスポーツという〈正しくて善きもの〉で彩って見えなくさせていく、それがスポーツウォッシングの作用といえるでしょう。今はそのスポーツ自体にいろんなほころびが生じているんですが、それが見えないように、近代がつくりあげた〈理想的〉な状態を維持し続けようとしている。だから、『スポーツに政治を持ち込んではいけない』という主張は、スポーツがスポーツ自体をスポーツウォッシングしようとする動きの典型例なのかもしれません」

この「スポーツに政治を持ち込まない」というお題目は、現代では選手たち個々人の行動や発言を規制する方向で作用している。だが、少し歴史を遡れば、これはそもそも国家によるスポーツの政治利用を抑止しようとするための規定だった。

「スポーツと政治を結びつけるのはよくないことだ、という風潮が明確に共有されるのは、ひとつはナチス（1936年ベルリンオリンピック）があったからです。もうひとつは、冷戦時代の東西のイデオロギー対決。オリンピック憲章の、スポーツの現場で政治的な表明をしてはいけませんよというルールは、国家や元首などの大きな政治システムを想定して、そのスポーツ利用を禁ずるためにつくられたもので、IOCにとって〈政治〉とはマクロな政治のことだったんです。

ところが、やがて政治はミクロなものも含むようになってきて、フェミニズム運動や環境運動や反核運動など、多様な政治イシューが1960年代後半に出てきました。それとシンクロするかたちで、1968年のメキシコオリンピックではスミスさんやカーロスさんたちの〈アスリート・アクティビズム〉が起こるようになる。IOCは1975年にそれを禁止（オリンピック憲章規則50）するんです。だけど、それをもう受け止めきれなくなって、緩和するべきかどうかという議論が2020年頃に始まった、という流れです。

1960年代にスミスさんやカーロスさんたちが起こしたアスリートたちのアクティビズムは、いろんな抑圧を受けて水面下に潜行していきます。それが2010年代に再び浮上するのは、新しいソーシャルメディアの登場と大きく関わっています。

スミスさんやカーロスさんはツイッターなどのＳＮＳもやっていて、若い世代が何か行動を起こすとすぐに応援メッセージを出すんです。だから、ＳＮＳは50年間潜在していたものをもう一度、社会の中につなぎ直すメディアとしての役割を果たしたのかもしれませんね」

政治ではなく人権の問題

日本のアスリートたちも、長い時間が経過すればやがていつかは〈ソーシャルなアスリート〉になっていくのだろう。だが、現状ではまだ、社会と関わっていこうとする積極的な発言や行動はほとんど見られない。むしろ、「感動を与える」「スポーツの力」といった十年一日の常套句に終始することのほうが圧倒的に多い。

世の中とつながろうとしない現在のような状態では、アスリートたちはもはや子供や若者、そして社会全体の規範たるロールモデルたり得ないのではないか。そう訊ねると、山本氏も同意を示す。

「もう難しいですよね。社会がますます複雑化して多様化してゆき、いろんな差異がある状態で皆がそれぞれ生きていくことをよしとしよう、という方向へ向かっている中、その世の中の矛盾に無批判でいられるような人はロールモデルにはならないですよ。

〈スポーツの力〉という、漠然とした表現にしても、確かにスポーツには何らかの力がありますよ。ナチスだってロシアだって〈スポーツの力〉を知っています。だから、スポーツをウルトラナショナリズムの有効な道具にしたのです。アメリカだって知っていますよ。でも、その〈スポーツの力〉は不均衡な社会のあり方を変えていく力にすることだってできる。キャパニックや大坂なおみさんたちは、まさにそれをしようとしてきたわけです」

また、たとえ積極的に発言し行動を起こしたとしても、現代社会では、かつて1968年にスミスやカーロスが味わったアスリートとしての名誉剝奪のような目に遭うことはないだろう、とも山本氏は言う。

「今は過渡期なのかもしれませんが、発言できるチャンスやメディア環境が揃《そろ》っているし、たとえそれで何か炎上するようなことがあったとしても、アスリートたちを支えてバックアップしようとする声も必ず上がってきます。大坂なおみさんはよくインタビューで『私はアスリートである前に、ひとりの黒人女性です』と言うじゃないですか。自分が生きてきた環境があってテニスがあって、そのふたつは切り離されないものなんだ、という言い方をしますよね。ああいう姿勢は、とても大事だと思います」

そして、そんなアスリートたちが発言する際に見逃せないのは、〈ポリティクス（政治）〉ではなく〈ヒューマンライツ（人権）〉という言葉を積極的に使用している点だ、と言う。

「政治という言葉に回収されると、自分たちの社会運動や主張したいことが過剰に抑圧されてしまう。政治ではなく人権の問題なんだ、と言ったほうが多くの人の理解や共感も得られる。ヒューマンライツという言葉を用いるのは、彼ら彼女らが編み出した戦術なのだろうと思います。

振り返ってみれば、スミスさんとカーロスさんが1968年のメキシコオリンピックでやっていた運動には『人権を求めるオリンピックプロジェクト』というタイトルがついていました。あの当時からすでに、アスリートたちは人権という言葉を強く押し出して使っていたんですよね。そして今また、人権という表現がアスリートたちの中で使われるようになった。

大坂なおみさんは彼女の主張や表現はヒューマンライツに関わる事柄だと言いますし、サッカーワールドカップもヒューマンライツの問題として注目されました。１９６８年のメキシコオリンピックから東京オリンピックや北京の冬季オリンピック、そしてカタールのサッカーワールドカップまで見ると、アスリートたちによるアクティビズムのキーワードとして共有されているのは、人権・ヒューマンライツという言葉なんです」

オリンピックは各国の公金を食いつぶしていく植民地主義経済

スポーツも社会を構成する要素のひとつである以上、スポーツの側から社会の歪みや矛盾に声を上げ、是正していこうとする動きが起こるのは自然なことだろう。ときに、人権を求めるアスリートたちを抑圧してきた歴史を持つオリンピックはといえば、東京オリンピックの談合汚職事件で地検特捜部が組織委員会関係者を逮捕し、電通や博報堂といった法人組織も起訴される事態に発展した。大きな汚職事件にメスが入るのは当然としても、そこにだけ焦点が絞られてしまうと逆に本来の問題を矮小《わいしょう》化することにもなりかねない、と山本氏は危惧する。

「『オリンピックは本来美しくて清く正しいものなのに、悪い俗物たちがそれを食い物にしてあんなふうになってしまったんだ』というストーリーになってしまうんです。でも、それはＩＯＣには痛くも痒《かゆ》くもない。ＩＯＣが本当に問題なのはそんなところじゃなくて、オリンピック自体が略奪経済の仕組みになっているということなんです。

オリンピックの商業主義化がずっと批判されてきましたが、じつはＩＯＣは資本主義の経済ルールにすらのっとっていないんですよ。資本主義なら、一応は経済競争の上に成立しているじゃないですか。でも、東京オリンピックの談合汚職事件のように、実態はけっしてそうではない。しかも、さらにその上にいるＩＯＣのやっていることといえば、開催都市と開催国の公金を使って巨大な会場を次々と建設させ、償還に長い年月がかかり赤字収支が見込まれる〈負の遺産（レガシー）〉を残して、自分たちは次の開催地へ去ってゆく。だから、資本主義経済どころか、植民地主義経済なんですよ」

まるで東インド会社が世界各地を転々としているようなものですね、と言うと、山本氏は「まったくそのとおりです」と苦笑する。

「世界のあちらこちらと植民地を4年に1回移動して、そのたびにそこに暮らす住民たちの公金が湯水のように使われてゆく仕組みです。オリンピックはあくまでもＩＯＣという興行団体が行なう大会につけられた名称なのに、それを擁護しようとする人たちは〈実際には存在しない偶像のようなオリンピック像〉を造り出してしまって、『ＩＯＣの舵取《かじと》りが悪いせいでオリンピックがダメになっている、あの人たちのせいでオリンピックが穢《けが》されている』と言う、まあわけがわからない摩訶《まか》不思議な論理になってしまうんです」

とはいえ、アスリートたちにとってオリンピックという舞台で戦うことは、〈その言論や表現に対する窮屈な抑圧は措《お》くとしても〉自分たちの現役生活を彩る最高の栄誉であることもまた、事実だろう。だから、「世間がなんと言おうとも、大会がどれほど批判されようとも、自分が世界最高・最速であることを晴れ舞台で証明したい」とアスリートたちが考えるのは、ある意味では当然のことにも思える。

しかし、オリンピックはスポーツ競技にとって必ずしも最高の舞台ではない、と山本氏は指摘する。

「いろんな競技や種目で世界記録が出るのは、オリンピックではない場合が多いですからね。それに、今は『オリンピックは、あくまでシーズンにたくさんある大会のひとつです』と発言する選手たちも少なくない。ゴルフの松山英樹選手は『プロゴルファーにとってオリンピックってどうなんでしょうか。よくわからないんです』という趣旨の発言をしましたよね。だから、オリンピックはメガスポーツイベントとして、もはや〈オワコン〉なのだと思います。

スポーツには社会変容を促す力があると私は信じていますが、ずっと将来の目から振り返ると、1968年のメキシコオリンピックや2021年の東京オリンピックがターニングポイントとして見えてくるのかもしれないですね」

大学の講義で話をしていても、今の大学生や大学院生たちはオリンピックに対して冷静で醒《さ》めた受け止め方をしているという。

「授業では、もしかしたらオリンピックのことが大好きな人たちもいるかもしれないから嫌がるかもしれないな、と思いながらも話すんですが、あまり反発はないですよ。それだけ、今の若い子たちにとってはオリンピックなんてどうでもいいコンテンツなのかもしれません。むしろ、ディズニーランド批判やアイドル批判をしたほうが怒られるでしょうね。そっちのほうが、彼ら彼女らにとってははるかにセンシティブな問題だから（笑）」

註

＊1　https://www.motogp.com/en/videos/2020/09/12/morbidelli-explains-message-of-equality-with-poignant-helmet/343329

第二部
スポーツウォッシングについて考える

第九章
スポーツをとりまく旧《ふる》い考えを変えるべきときがきている
——山口 香氏との一問一答

写真提供／五十嵐和博

山口 香（やまぐち・かおり）

1964年東京都生まれ。筑波大学教授。柔道家。1988年ソウルオリンピック52kg級で銅メダルを獲得したほか、世界柔道選手権でも活躍。全日本柔道連盟女子強化委員、日本オリンピック委員会（JOC）理事、筑波大学柔道部女子監督などを歴任。主な著書に『スポーツの価値』（集英社新書）、『残念なメダリスト―チャンピオンに学ぶ人生勝利学・失敗学』（中公新書ラクレ）など。

〈スポーツウォッシング〉という行為やそれに伴う問題は、日本でも2021年夏の東京オリンピック以降、主に活字メディアを通じて少しずつ認知されるようになってきた。しかし、実際にこの問題を取り上げて積極的に発言をしてきたのは、研究者や一部のジャーナリストのみで、最大の当事者であるはずのスポーツ界からは〈完黙〉に近い状態がずっと続いてきた。そんなスポーツの世界で、当事者として内部から忌憚《きたん》のない発言を続けてきたのが、筑波大学教授の山口香氏だ。

山口氏は、自身がオリンピアン（1988年ソウルオリンピック柔道銅メダル）でもあり、現役引退後は全日本柔道連盟強化委員やJOC理事に就任。東京オリンピックの際には、JOC当事者でありながらどこにも忖度をしない冷静で積極的な批判を行なってきた。

その山口氏に、スポーツやアスリートと政治・国家の関係について、さまざまな角度から質問を投げかけた。返ってきた言葉はいずれも、正鵠《せいこく》を射る刺激に満ちた内容ばかりだった。

日本の選手はなぜ自分の意見を言えないのか

――山口さんは、「朝日新聞」の不定期連載『襟を正して』でも、カタールでサッカーワールドカップが開催されたときに、スポーツウォッシングに言及していらっしゃいましたよね。[*1] まずは山口さん自身がスポーツウォッシングについてどう考えているのか、というところから教えていただきたいと思います。

山口　スポーツには、爽やかさやフェアプレーといった、いいイメージがありますよね。そのイメージを使ってダーティなものを覆い隠し洗い流してしまおうとするスポーツの利用、ということになるでしょうか。いわゆるプロパガンダとも、ちょっと重なるところがあると思います。

　特に私が現役だった当時は東西冷戦の時代だったので、東側のソ連や東ドイツはスポーツを国威発揚や国家戦略に利用していて、ドーピングも顕著でした。スポーツは人々の関心を集める非常に魅力的な素材なので、ヒトラーのベルリンオリンピックの時代からそうやって利用されてきた歴史があるし、裏を返せば、スポーツはそれだけ価値が高いものである、ということの証拠でもあると思います。

でも、だからこそスポーツの側が気をつけておかないと、無意識のうちに利用されてしまう。たとえば今、コマーシャルや広告にいろんなアスリートたちが出ていますが、スポーツウォッシングとはいわないまでも、あれだって広告主のイメージ戦略ですよね。スポーツ選手の爽やかさを自分たちの商品に重ねて、イメージアップを狙っているわけですから。

スポーツに限ったことではないと思いますが、スポーツはやっぱり、そういったイメージづけに利用されやすいんだ、と強く感じますね。

——そういった利用されやすさや、だからこそ気をつけなければいけない、という自覚を、アスリートたちはどれくらい意識しているものなんでしょうか。山口さん自身の経験や、若い選手たちを近い距離からご覧になって、どんなふうに感じますか。

山口　現役選手の間は、利用されるという考えよりも、自分が一所懸命頑張ってきた対価として評価してもらえた、という感覚だと思うんですよ。でも、それが私のように、社会に出て少し離れた距離からスポーツやアスリートを俯瞰するようになったときに、「ああ、やっぱり気をつけなきゃいけないよね」と初めて気づくのであって、現役のアスリートたちにそこを意識して気をつけなさいよと言うのは、少し難しいかなと思いますね。

ただ、近年では、10代や20代のアスリートばかりじゃなくて、40代や50代の現役アスリートもいて、その人たちには社会経験もあるし、社会人として考える力が当然備わっています。だから、ひと口にアスリートといってもさまざまだと思います。

――競技生命が長くなっているぶん、選手の年齢層も当然広くなりますね。

山口　そうですね。また、諸外国に比べると日本の場合は、社会がアスリートにスポーツのパフォーマンス以外のものを期待しない傾向が強いように感じます。選手たちも、そういうふうに育ってきませんでした。

おそらく日本は諸外国と切り離されて海に囲まれた島国だから……と言うと、「イギリスだってそうじゃないか」と反論されますけれども、イギリスってアイルランドやイングランドなどがあって、民族対立も経験してきた長い歴史があります。植民地も世界中にあったし。そういった文化的歴史的背景の違いを考えると、日本の場合は同じ島国でも、アスリートに限らず、生活レベルでの多様性にあまり馴染《なじ》んでこなかった印象がありますよね。

――日本では、アスリートたちはずっとスポーツの中で純粋培養される環境にいて、スポーツを取り囲む人々も、アスリートたちがスポーツ以外のことに触れるのをよしとしない風潮が長く続いてきたように思います。しかし、メディア環境が大きく変化している現代社会では、アスリートといえども、外の世界や社会と遮断された純真無垢な存在ではいられなくなっているんじゃないか。いち取材者のスポーツファンとしては、そう思います。

山口　そうですね。確かにそのとおりで、スポーツが持っている価値を私たちが訴えていく場合でも、それぞれのアスリートたちが自立して、社会の中での自分の考えや他者との関わりをどう自覚してどう行動するか、どう発言するか、といったことは、当然求められていくだろうと思います。

ただその一方で、考える力や発信力とスポーツって、たぶん似ているところがあると思うんですよ。ものごとには段階があるじゃないですか。

――段階というと？

山口　たとえば、柔道を始めたばかりの人がいきなり全国レベルの大会に出ても、コテンパンに負けますよね。すると自信を失って、「もう試合には出られないな、柔道やめよう……」と思ってしまう。全国レベルを目指すのであれば、まずは年齢別の大会や地区大会を経験して、その段階を経ることで能力やパフォーマンスが徐々に上がっていく。

考える力や発信力も、一緒だと思います。難しいのは、「スポーツの能力」と「スポーツ以外の考える力」が並行して進んでいかないところです。たとえば、若い選手が卓球のチャンピオンになったとしても、考える力や発信力も一緒にチャンピオンクラスになるわけではない。でも、社会からはそのレベルを期待されるわけです。アスリートの考える力がスポーツの能力に追いついていくためには、育成段階からその環境を周囲が整え、選手たちも自覚しつつ成長していくことが必要なのだろうと思います。

稚拙でも視野が狭くても何でも言えばいい、というものではないし、当然、その発言には責任が伴います。アクションを起こせば必ずリアクションがありますから、するとアスリートは「そんなつもりじゃなかったのに炎上しちゃったから、二度と発言するのはやめよう」ということにだってなりかねないですよね。

——メディアは、往々にして言葉尻だけを捉えることも少なくないから、それで炎上してしまうケースもありますね。

山口　そう。で、それが引き金になって、本来の競技のほうもダメになってしまう場合だってあり得ます。心と身体は一体だから、何かで気持ちがつまずけば、パフォーマンスのほうでも当然つまずきやすくなる。おそらく、スポーツ関係者たちはそういうことをリスクと捉えて「今はとにかく競技だけに集中しよう」と選手を育てていく。それが、従来の日本の育成方法です。

　だから、生まれ育った環境はアスリートにすごく大きな影響を与えていると思います。大坂なおみさんがずっと日本で生まれ育っていたら、あのように積極的な発言をする人物にならなかった可能性もあります。彼女がアメリカでひとりの人間としてさまざまな体験をしてきたことと、テニスの選手としての経験が混ざり合った結果、あの発言や行動が出てきたものなんじゃないか、と思います。

　翻って日本を見てみると、アスリートたちはある意味、安全で守られた環境の中で育っていると感じますね。日本のアスリートたちは、切実に何かアクションをあえてする必要はないわけですから。

政治とスポーツは切り離せるのか？

――日本の場合は、アスリートたちの多くは無菌室のような状態で育ってきて、しかも周囲は「あなたはそういうことを考えなくていいんだよ」という環境をつくってきた。それが、日本のアスリートたちの〈ものを言わない・言えない〉状況に大きく作用しているのでしょうね。

山口　そうだと思いますよ。人は環境の中で育っていく存在なので、たとえば、ハラスメントや差別が周囲にある環境であれば、そこで自分の問題として考えるわけですよね。「これは私だけの問題なんだろうか……」「どう対応したらいいんだろう」「なぜこんなことが起きるのだろう」と考えて、人権の大切さにも直面していくわけです。

でも、そういうことがまったくなくて、映画を見て「そういう差別ってあるよな」とか「戦争って悲惨だな」と感想を持つことはあったとしても、そこには体感や経験が伴っていないので、その人にとって切実なものにはならない。頭で考えることと切実な現実とは、やはり違うと思いますね。

――つまり、多くの日本のアスリートたちにとっては、大坂なおみさんやF1のルイス・ハミルトンが訴えていることは、おそらく実感が伴わないしリアリティもない。

山口　日本がおかれている現状は、さまざまな不平不満があったとしても、やっぱりいい意味で平和だし、守られている。そして、今の社会では、勉強もスポーツも、親にある程度の余裕があって子供を支え、応援してもらえる人たちが活躍しているのだと思います。

逆にいえば、恵まれた環境じゃないと育たないいんですよ。スケートやスキーなどのシーズンスポーツなんて、本格的にやらせてあげようと思ったらものすごくお金がかかるわけじゃないですか。

――モータースポーツは、年間数百万円かかることも珍しくないようです。

山口　シーズンスポーツの場合でも、親が車を運転して送り迎えをし、応援してあげようという愛情があるわけですよね。そういう支えの上に今のアスリートたちは育っているわけで、これは『スポーツの価値』にも書いたことですが、昔のスポ根マンガみたいな環境から這《は》い上がってきた例はきわめて少ない。

だから、それこそ貧困や差別に対する実感はないでしょう。そりゃ小さな軋轢《あつれき》はありますよ。先輩にいじめられたとか、コーチに暴言を吐かれたとか。だけど、一般的に日本のジュニアアスリートたちは、大きな社会的矛盾や危機の中で育ってはいないように思います。

——その一方では、環境に恵まれないけれども能力のある選手を見出して育成していく、という試みもあるわけですよね。

山口　もちろん、才能があれば拾い上げていく試みは随所で行なっています。でも、それがどの程度有効に機能しているのかという検証はなかなか難しいですね。

さらにそこには別の難しさもあって、たとえば中国や北朝鮮のように、若い子を集めてきて虎の穴みたいな養成所に入れて鍛える方式が、日本にフィットするのか、はたしてアスリート自身にとって幸せなのかどうか。

——スポーツを通じた人格成長よりも、まさに国家戦略のツール、という印象ですね。

山口　日本の場合でいえば、スポーツは部活動のように教育の一環として捉えられていて、アマチュアスポーツも多くは国がサポートしています。だから、「政治とスポーツを切り離す」と言ったときに、じゃあこれらの競技は国のサポートなくして育成、競技の運営や強化ができるのか、という話にもなってくるわけです。

国のサポートと完全に切り離して、たとえば民間スポンサーを集めて成り立たせることができるのか。成り立ったとしても、それで、はたしてうまく運営できるのか、という問題もあります。企業には、スポンサーになることの利害や自社イメージが必ずつきまとうわけです。だから、国のよさもあるしスポンサーのよさもある、そしてどちらにも表と裏はある。そこがこういう議論の難しいところで、ハッキリとした正解がないんですよね。

「個人の資格でもオリンピックに参加する」という日本選手はいるのか？

――「スポーツに政治を持ち込むな」と言うときの〈政治〉の定義は語る人によってさまざまなので、議論が噛《か》み合わない場合もあるように思います。とはいえ、一般的に「スポーツに政治を持ち込むな」という言葉は、「スポーツの場に政治的主張を持ち込むな」という意味で語られることが多いですよね。

山口　「政治とスポーツを切り離す」と言うときの〈政治〉とは、私のイメージだと〈権力〉のことなんです。スポーツと政治が切り離されていなければ、権力によってスポーツを操り、スポーツを通じて人をコントロールしていこうとする圧力が働くわけですよね。政治には、やっぱりそういう力がありますよ。「政《まつりごと》」ですから。

その政の行使として彼らはスポーツにお金を出すわけです。「お金を出しますからどうぞ自由に使ってください」というのんきな話ではもちろんない。政治が出すお金というのは、それこそ税金だから、国の方針だとか国の目指すものが前提にあって、トップアスリートを支援するわけです。

――目指すもの、とは？

山口　たとえば、日本のプレゼンスを高めることはそのひとつですよね。あるいは、アスリートたちが頑張るイメージがスポーツに対する関心につながって、スポーツが広まれば、健康な国民が増えて健康寿命も延びるだろう、そうなると医療費の歳出も下がるかもしれない、社会情勢は混沌《こんとん》としていても努力の先に希望の光が見える……みたいなね。

そういうことが全部つながっていくと考えた上で、国は予算を出しているんです。そして、その延長線上には、たとえばロシアとの外交問題も含まれてきます。日本で柔道の国際大会を開くとなった場合に、ロシアの選手たちを呼ぶのか呼ばないのか。柔道界が

「我々柔道界の考え方はこうですから、ロシアの選手を呼びます」と仮に言ったときに、それを国としてどう考えるのか。

表面的には「あなたたちの大会ですから、自分たちの判断でやってください」と言うかもしれない。けれども、水面下ではきっと微妙な駆け引きがあるでしょう。

モスクワオリンピックのときに日本がボイコットしたのも、似たようなことですよね。そういったものに対して、私たちはどう向き合っていくのか。仮に国と違う判断をするのであれば、その場合の前提は何なのか。

――前提は何ですか。

山口　たとえば、「国が何と言おうと、私は個人の資格であってもオリンピックに行くんだ」ということが、はたして認められるのかどうか。私が海外に行くときは日本のパスポートを持っていくわけで、何かあったら日本国民として現地大使館に助けを求める。それは当然ですよね。

だけど、20年ほど前に「お前は国の言うことを聞かないで勝手に行ったんだから、それは自己責任だ」という声が大きくなった事件がありましたよね（註：イラク戦争における日本人人質事件）。スポーツも同じことで、「この大会は国として派遣したわけじゃない。派遣しないと言ったのにお前が勝手に行ったんだよ」という声が上がるかもしれない。そのときにアスリート自身が「たとえ自己責任だとしても、私は行きたいんだ」「スポーツはそうあるべきものなんだ」という確信のもとに行くという判断をするのかどうか。

もしもそういう判断を迫られたときに、自分で考え、判断し、行動するアスリートたちを日本は育てることができているのか。私とすれば、そういうアスリートたちを育てていきたいと思いますけれどもね。

――育てられていますか？

山口　だから先ほどの話に戻るんですが、日本のアスリートたちはそういうことを意識しない環境の中で育成されてきたんです。モスクワオリンピックのボイコットでも、山下泰《やす》裕《ひろ》さんやレスリングの高田裕司さんたちは涙を流して参加を訴えた。一方、イギリスのセバスチャン・コーたちは、国の代表ではなく個人資格で参加しているわけです。日本の山下さんや高田さん、瀬古利彦さんたちは、そうやって個人資格で行くことを想像したと思いますか？

――おそらく、想像もしていなかったでしょうね。

山口　私もそう思います。きっと念頭になかったでしょう。じゃあ、今の選手はその可能性を想像しますか、ということなんですよ。

モスクワオリンピックのボイコットから40年以上たっていても、私たちの考え方というものは、それほど変わってない。おそらくそんなことにはならないと思うけれども、極端な例として、たとえば2024年のパリオリンピックにロシアが参加するなら日本はボイコットする、という国の方針が示されたときに、日本の選手たちははたしてどういう行動をとるのか、ということです。

アスリートの姿は日本国民の映し鏡

――参加する場合は、個人資格で参加した選手という立場になるわけですよね。

山口　そうですね。国旗も掲揚しないし、国歌も流さない。あくまでも個人資格で参加する選手枠になります。

――今は40年前よりもさまざまな情報に接しやすくなっているので、そういうルートで参加できることを知ったり、その方法を示唆して支えてくれる人たちも出てくるだろうから、個人参加を探る選手が出てくるかもしれないですね。

山口　おそらく、そういう人も出てくるでしょう。では、それに対してメディアはどう反応し、どういう評価をその選手たちに与えるのか。あるいは、社会でどういうハレーションが起きるのか。個人資格で参加した選手の所属しているクラブや大学、連盟では、どんな同調圧力や摩擦が発生するのか。ちょっと考えるだけでも、だいたいの想像はつきますよね。

国・政治からはそういう力が作用する。だから、JOCは、モスクワの後に組織として独立したわけです（1991年）。将来に万が一、同じことが起こったときのことを考えて……。

――では今、JOCはその独立性を保つことができるのか、ということですよね。

山口　モスクワオリンピック以降、国もスポーツには一定の距離をおいてきました。しかし、現状では先ほども申し上げたように多額の補助金を出しているわけなので、状況は大きく変わっていません。1980年のときもそうですけど、「もし行くのであれば、来年から補助金はないものと思ってください」と、脅しのようなことも辞さないわけです。あからさまには言わないとしても。今だってJOCは独立組織としておよそ90億円の正味財産を持っているけれども、もしもこれから先、国と距離をおいて予算を自分たちで賄うことになったとしたら、はたして何年活動を続けることができるのか。

つまり、本当の意味での独立性とは何なのか、それを担保するためにはどういう組織であるべきなのか、そういったことはあまり議論されていないんですよ。そんなこと起きるはずがない、と希望的観測を持っていますしね。

――山口さん自身、2011年から2021年までJOCに理事として10年間関わってきたわけですが、その中に身をおいていた経験として、どう感じましたか。JOCは独立性を保てていますか？

山口　政治にモノを申さない、ということもそうなんですが、そういう議論を善しとしない雰囲気が、脈々とあるわけです（笑）。

国からお金をもらうという前提だから、「まあここは清濁を併《あわ》せ呑《の》んでやっていきましょうよ」と。でも、そういう雰囲気って日本じゅうどこにでもありますよね。

極端なことをいえば、私も参加している日本学術会議だってそう。学問・研究なんて政治からは一番アンタッチャブルでなければならないのに、あからさまな任命拒否をして、「国に逆らうのなら、自分たちでやってください」と突きつけてくるわけです。スポーツがそうならない、という保証はありますか？

そして、それを支持する国民もいる。学術会議のときもそうでしたが、ネットの反応などを見ていても「学術会議なんてたいした役に立っていないんだから潰してしまえ」「逆らうなら自分たちのお金でやれ」と思っている人がとてもたくさんいました。国が考える（認める）とおりの研究をしなさい、国の意向に沿った意見を言いなさい、という御用学者ばっかりでは恐ろしいことなのに、理由も言わずに任命拒否をする国のやり方を支持している人もかなりの数がいる。もちろん、組織のあり方や運営に関しては点検し、改善すべき点もあるでしょう。しかし、理由も述べずにいきなり手を突っ込んで「この人間は排除する」というやり方は違うと思います。

スポーツの世界だって同じことだと思いますよ。万が一何かが起きて、アスリートが「私は自分の自己責任でも行きます」と単独行動をとったとして、そのときに国民はどちらを支持するのか。ほかの国の人たちと比べると日本国民は私も含めて、まだ国家に対する依存、従属というか、根拠のない肯定感のようなものが根強くあると思うんですよね。

――スポーツとアスリートが政治から距離を保ち、独立した存在でいることができるのかというのは、要するに、その姿は国民の姿勢や考え方の映し鏡であり反映であるということなんでしょうね。

山口　スポーツをやっている人たちだって日本で生まれて日本で育ち、日本の国に支えられて今があるわけですから。スポーツを通じて広く世界を見ているからといっても、政治から独立性を保つのはそんなに期待はできないし、期待するのも難しいだろうと思います。

――期待するのもかわいそう、ということですか。

山口　かわいそうですね、「アスリートなんだからちゃんと発言しろよ」とか、そういうところにたどり着くのはまだちょっと時間がかかりそうだし、そもそも日本が変わっていけるかどうかもわからない。

スポーツは国家の枠組みから逃れられないのか

――オリンピックに個人資格の選手として参加するという話とも関連する質問なんですが、2023年5月にドーハで開催された柔道世界選手権では、ロシアとベラルーシの選手が中立という立場で参加しました。その中から優勝選手が出たことは、この資格で参加する意義や、中立参加のシステムがうまく機能した一面であるようにも思います。

ただ、その一方で、たとえ中立とはいえロシアとベラルーシの選手が参加したことで、ウクライナの選手団がボイコットしました。ああいうことを見ていると、スポーツが紛争と距離をおいてバランスを取るのはとても難しいとも思いました。

柔道の世界に長く身をおいてきた山口さんは、あの世界選手権はどうご覧になったんですか。

山口　柔道は個人競技で、しかも格闘技でしょう。これは、私たち第三者が考える以上に深刻な問題なんです。

なぜロシアとベラルーシが出て、ウクライナが出なかったかというと、戦争をしている国同士が、直接対決で絶対に負けられないという理由もあると思います。似たようなことは今までにもあって、たとえばイスラエルとイランが当たると、イスラエルを国として認めないイランは選手に棄権するように圧力をかけます。この棄権行為は、要するに政治を持ち込んでいるわけだから、オリンピック委員会などは「政治的な理由で棄権をしてはいけない」と言ってペナルティを与えますが、棄権したイラン選手は母国では英雄扱いです。スポーツの勝負とはいえ代理戦争のようなものだから、どの選手も国のバックグラウンドに大きく影響されます。

だから、単純な問題じゃないんです。ロシア選手が国旗を掲揚しない、国歌も流さないという中立の立場で出たからといって、ウクライナの選手は負けるわけにはいかない。出場しないという選択の理由は、ここにもあったと思います。

現実にああやって戦争をしていたら、「スポーツは別だから……」と第三者が言ったところで、自国の人たちはどうしたってそう見てしまうし、出場している選手はその思いを背負ってしまう。だから、国の代表ではないから出てもいいいんだ、というほどきれいごとの簡単な話ではない。

ウクライナでは、多くのアスリートたちが今回の戦争ですでに亡くなっているわけです。そんな状況の人たちに、軽々に「オリンピックや世界選手権は平和の象徴だから、みんな出ようよ」って言えますか？　仮に日本がそういう状況になったとして、私の兄弟が死んで故郷が侵略されているときに、「いや、スポーツは別だから」と割り切れると思いますか？　そこには、理屈では割り切れないエモーショナルな部分が必ずある。

口では言えますよ、理想論はね。だけど、大事なのはやっぱり、そこにおかれている人たちの立場に立つ、ということ。そして、その人たちは私たちが知り得ない状況にあるわけです。それは、ロシアだって同じなんですよ。

中立といって、たとえば踏み絵みたいなものを踏まされて、「私は戦争に反対です」と言ったりすると、国に帰ったときにどうなってしまうのか、という心配はしちゃいますよね。だから、その意味では「アスリートたちは政治のことに口を出すな」と言いたくなるのも、理解せざるを得ない部分もあるんです。

ただ、それでは世の中がよくなっていかないじゃないですか。だからスポーツは、建前であろうときれいごとであろうと、いいことを言い続けていくしかない。そうやって言い続けていくことが、社会を変えていくし、何かにつながっていく。当事者が言えないからこそ、第三者的な立場にいる者が言わなければいけないことだってあるわけです。でも、そのさじ加減や発言のタイミングやポイントは、なかなか難しいなと思います。

スポーツは、世界に変化のさざ波を起こし続けていける!

——大坂なおみさんのBLM支持や、NFLのコリン・キャパニックが始めたピッチに片膝をついて差別反対の意思表示をする行為、そしてF1のルイス・ハミルトンがレインボーカラーのヘルメットで走行する姿などを見ていると、彼らは自分たちの行動を、政治的意思表示ではなくて人権問題だと考えているようです。では日本のアスリートたちはどうなのかというと、政治ではなく人権問題なんだと捉えてはいないようにも見えます。それは、日本のスポーツファンもそうなのかもしれないのですが。

山口 「差別は政治じゃなくて人権の問題なんだ」というのは、私も確かにそのとおりだと思います。でも、その差別を解消するために法律や制度を変え、決めていくのは、いったいどこなんですか、ということでもありますよね。

差別は人権問題なんだとスポーツ選手が訴えて、その差別をなくすために何か法律や制度を変えるとなったら、そこはもう政治じゃないですか。「政治」という言葉を使わないところに意味があるとは思うけれども、でも、結局は政治のシステムに行きつくような気がします。

たとえば、サッカーワールドカップのカタール大会だって、カタールの人権問題に対する抗議活動ということですが、あれは誰に向けて、誰を対象に抗議する行為だったんですか？

――おそらく、特定の誰かということではなく、広く世に訴えるということでしょうね。

山口　広く世に、というのは、カタールの人に向けて？

――いや、メディアを通じて大会を見ているであろう世界のサッカーファンやスポーツファンに、ということじゃないですか。

山口　そうやって訴えて変えようとすることは、国を変えようとすることでしょう。

――その国のシステムを、ということですね。

山口　ということは、つまり政治じゃないですか。システムを変えるのは政治だから、結局はそこに行きついてしまう。カタールにも当然ながら政治権力があって、その人たちが社会のシステムをつくっているわけですから。

つまり、あのような抗議活動やアピールは、短期的に劇的な効果を狙うのではなく、「世界はこう変わってきているんですよ」「あなたたちは世界からそう見られているんですよ」「世界のスタンダードとあなたたちの国はもう違ってきているんですよ」と知らしめる効果として、長い目で期待する、ということだと思うんです。

だから私は、スポーツというものは何か大きな荒波を一気に起こすようなものではなく、たぶん小さなさざ波を起こし続けていって、それが少しずつ広がっていく、そういうことだったらできるんじゃないかと思っているんです。おそらく、スポーツ選手たち自身もそう考えていると思う。でも日本の選手たちは、それでさえも……。

――積極的に発言し、何らかの意思表示をするアスリートはほとんど見られませんね。

山口　そういう行為は今の権力や政治に対してモノ申している、反体制的な抗議活動だ、みたいに考えてしまう雰囲気があるように思います。そういった受け止め方は、おそらく国民の側にも共通しているのかもしれません。何か発言しようとしてもすぐに「政治を語るな」という反応になるのは、広く一般にそう考えている人が多いからでしょう。

人権を守ること、人間の尊厳を尊重する意識は、皆で共有していかなければいけない。それをスポーツが「世界中のどこでも交通ルールを守ることと一緒で、一般常識だよね」と広めていくことができる。大坂なおみさんたちが言っているのも、要はそういうことですよね。そこはやっぱりスポーツ人として、人間として、ハッキリと主張していかなければダメだと私も思うんですが、日本のアスリートたちはたぶんまだそこには到達してない。

そんなに大げさなメッセージではなくて、スポーツそのものが「皆でルールを尊重して楽しみ、競い合おう」ということを広く伝える存在なのだから、そんなにビクビクせずにいいと思えば、どんどん言えばいいしやればいい。やったからって別に何かを大きく変えられるわけじゃないんだから、と私は思うんですが、日本のアスリートたちが何も言わないのは、日本人の捉え方の問題でもあるんでしょうね。

昔は「女子供は黙っていろ」と言われたじゃないですか。スポーツってたぶん、女子供のほうに入っているんですよ。「お前たちはスポーツをやっていればいいんだ」って。子供は元気に遊んで勉強してればいいんだ、というのと同じ。

でも、スポーツって遊びとか余暇だからいいんですよ。真剣に遊ぶ、真剣にスポーツする。素晴らしいじゃないですか。一所懸命に取り組むという点では、じつは仕事だってスポーツだって同じことなんですが、そこはなかなか理解されにくくて、難しいですね。

日本の社会では、お父さんが一家の大黒柱という家父長制度的な考え方が長く続いてきましたよね。だから、スポーツや芸能というものは、どちらかといえば「お父さんの仕事」から一段劣る遊びの側だと捉えられてきた印象があります。

たとえば、スポーツを通して何かを発信する場合に、「それって世の中におき換えたらこういうことだよね」「家庭や組織だとこういうことだよね。大事だよね」、とアスリートの発言や行動の意味を解説してくれる人がいる場合には評価されるんですが、アスリートからダイレクトなメッセージが出てくると、それを発する人物がたとえば大谷翔平《しょうへい》選手だったとしても、あるいはあのイチローさんだったとしても、たぶん……。

——メッセージがダイレクトすぎると、反発を受けるかもしれませんね。大坂なおみさんや八村塁《はちむらるい》選手がBLM運動に賛同の意を示したときですら、日本では拒否反応を示す人たちが、多数だとは思わないのですが一定数いましたから。

山口　「なんか最近調子に乗ってるな」「ちょっと天狗《てんぐ》になってるんじゃないか」という捉え方に、いかにもなりそうですよね。

スポーツが国家やジェンダーの枠組みを超えていくために必要なこと

――スポーツと政治、スポーツと国家、の話に少し戻して、山口さんのオリンピアンとしての経歴からうかがいたいのですが、オリンピックはあくまで理想論をいえば、国家を背負わないアスリートたちによるスポーツの祭典ですよね。とはいえ、選手たちは現実に各国各地域のＮＯＣ（国内オリンピック委員会）の参加枠から選抜されて出場してきます。そこで戦う選手たちは、やはり「国家を背負う」という意識になるものなんですか？

山口　国家を背負う、というよりも〈チームジャパン〉なんですよ。日本チームなんです、どこまでいっても。それは世界選手権だって何だってそうなんですけれども、選手たちはチームとして動くから、そこがたぶん、プロの世界とは違うところなんです。

大坂なおみさんや松山英樹さんは〈チームなおみ〉〈チーム松山〉として動いていますよね。チームなおみやチーム松山のスタッフやコーチには日本人もいればアメリカ人もいて、多国籍です。だからこそ、「日本を背負う」と意識する必要もありません。

だけど、たとえば柔道では、戦っているのは個人であったとしても、日本チームとしてドクターがいてコーチがいて、その集合体が日本代表としてまとまっています。そこがもっとプロフェッショナルスポーツのような形態になっていけば、アスリートたちの意識も変わっていくのかもしれませんが、そうなるとそこにまた、国の思惑が絡んでくるわけですよ。「なんで、そこにお金を出す必要があるんだ」という（笑）。

――「なぜ、我々がキミたちにわざわざ強化費を出しているのか。その意味を考えなさい」という。

山口　そうです。大坂なおみさんや松山英樹さんもオリンピックには出場するけれども、あの人たちはどちらかというと、日本代表として出ていただいている、くらいの立場です。でも、アマチュアスポーツの場合はそうはいかない。「国がこれだけの強化費を投入しているのだから、やっぱり皆さんには日の丸をつけていただかないと」ということになる。それをアスリートが国を背負っていると感じるかどうかは、また別の問題ですけれども。

予選のシステムが、国家代表ではなく一匹狼《いっぴきおおかみ》でエントリーできるような仕組みになっていけば、たとえばアジア予選のような枠組みで国を超えて強い人が参加して勝ち抜いていくシステムをうまく構築していければ、スポーツの未来像も変わってくるかもしれません。

なぜ国がスポーツに対して強化費を使うのかといえば、お金をかけることによって競技を強くして、それを通じて国家のプレゼンスを向上させるという目的が一部にはあるからですよね。だから、東京オリンピックでも、金メダルを何個獲《と》りました、お金をかけた意義がありました、という話になる。

でも、「もうそろそろ、そうじゃなくてもいいんじゃないか」という考え方も一方では広がりつつあります。日本人を勝たせて日本の名前を上げようとするから国もお金を投入するし、そうなれば国家とスポーツは切り離せないことになってしまう。

だけど、たとえばスケートボードなんて、あの子たち、別に国にお世話になってなくても勝ちましたよね。あれができるんだったら、これからはもっと自由度の高い国家とスポーツの関係性があってもいいんじゃないか。

広く世界を見渡してみると、世界には先進国と途上国があるので、グローバルノースとグローバルサウスの格差にオリンピック委員会がどういうかたちで関わっていくのか。あるいは、LGBTQ+に対する取り組みをどうしていくか。そういった現代的な課題に真っ正面から取り組んで積極的に詰めてゆけば、オリンピックの価値はもっと上がっていくんじゃないでしょうか。

たとえば「私はトランスジェンダーだけれども、一緒に競技をしたい」という人がいれば、その人が記録を更新した場合に、追い風参考記録のような考え方で〈トランスジェンダー〉と但《ただ》し書きをつける、という参加方法を、受け入れ側や参加側が認めていけるのかどうか。

――競技結果の扱いと平等性はそれで担保できたとしても、スタートラインについたときにどれだけほかの選手と条件を揃えることができるか、ということも問題ですよね。スタートラインについた段階でトランスジェンダーのほうが有利になるのであれば、競技の公平性を保てないことになるから、参加の是非が議論になるわけですね。そのスタートラインをフラットにする方法や競い方がはたしてあるのかどうか。

山口　競技によって、さまざまな方法があるとは思います。たとえばゴルフでは、ハンディキャップという考え方があるじゃないですか。ハンディキャップを与えることで、初級者と上級者が一緒に競技を楽しむあのシステムは、普通に受け入れられていますよね。

それと同じように、トランスジェンダーの人が有利になるような差があった場合に、たとえば「3秒プラスでお願いします」というような話ができるのかどうか。先端的な医学や科学の研究をベースにして「筋力差を考慮すると、タイムのハンディキャップは何秒だ」という条件で公平性を維持できるのかどうか。そして、双方が受け入れることができるのか。「そんなことはオリンピックではあり得ない」と一蹴するのは簡単ですが、どうすれば歩み寄れるかを模索していったほうが、一概に排除してしまうよりも建設的な議論ができると思いますし、もしそれができたならば、スポーツの価値がもう一段上がるかもしれません。

これはつまり、〈フェア〉〈平等〉というものをどう捉えるのか、というところに行きつくんですよ。身長や体格など、人は生まれながらに持っているものが皆違うんだから、それを言い始めると、そもそもスポーツは成り立ちません。だから、トランスジェンダーの人たちを性自認に基づいて競技へ受け入れるのであれば、限りなくフェアに近い条件設定にすることでうまく折り合いをつけていくことができるんじゃないかな。私はそう思うんですけどね。

――〈インクルージョン（包摂性）〉というのは、そういうことですもんね。

山口　そうですよ。極端な例ですが、たとえば義足をつけている子供がいたとして、その子が徒競走に出て勝ったとしたら「あの子は義足だから勝ったんだ」とか「ずるい」って言いますか？　その子に、「お前は義足でずるいから、仲間に入れてやらないよ」って言うのは、いじめ以外の何ものでもないですよね。だけど、今のトップスポーツはそういうことを言っているわけです。それで本当に私たちは社会に対して、「スポーツってこんなに素晴らしいものなんですよ」と胸を張って言えますか？

ハンディキャップということでいうなら、パラリンピックがまさにそうですよね。障害の種類や程度によって細かく分類されているじゃないですか。そうやって競技の公平さを維持していることに対して、誰も有利不利の不満を言わない。そういういい前例があるんだから、うまく折り合いをつける方法がきっとあるんじゃないかな、と思うんです。

そういえば先日、いろんな研究者の方々にスポーツの多様性について論じてもらう雑誌の企画があったんですが、その中でイギリスのキツネ狩りについて、とても面白い文章を読みました。キツネ狩りは人間の叡知《えいち》を結集して犬も鍛え、風や地理の情報も収集して銃でキツネを狩るんですけれども、相手はキツネだからデータはあってないようなものなんです。そうやって自然と向き合い、未知のものに挑戦し、あらゆる可能性を考えて追い詰めて狩りをする。

しかし、最後の決め手は結局、運なんですって。狩りを競う相手との間に勝敗はなく、運がよかったことに感謝し、互いを称《たた》え合うそうなんですが、スポーツもそっちの方向にいくべきだと私は思いますね。私もずっと戦ってきた人間だから、金メダルだ銅メダルだと、こだわりたくなる気持ちもわかるんですが、人間同士の競い合いをもっと広い心で眺めることができるようになれば、国同士のメダル争いだって「何か意味ありますか?」というふうにだんだんなっていくんじゃないか。

スポーツって、本来はそういうものなんですよ。好敵手に巡り合うと、その人と戦うことで自分自身がさらに高まる。その人がいなければ、自分はここまでくることができなかった。競技を通じてそういった謙虚さや感謝の気持ちが伝播《でんぱ》していけば、世界の人々ともっと高め合っていける。その考えをスポーツを通じて体現していくためには、「もう国家同士の争いじゃないでしょ?」ということを、いち早く私たちは見せていかなければならない。

――それでも、オリンピックになると「どの国がメダルをいくつ獲った、日本はいくつだ」と、特にメディアがそれをいつも煽《あお》り立てますよね。オリンピックとは国家同士のメダル競争ではないということもずっと言われ続けていますが、いつまでたってもメディアの側が改めない。つまり、それを見ている国民の側もそれをおそらくよしとしているし、そういう見方を求めている、ということなんでしょうね。

山口　まずは、国旗と国歌をやめてみるのはどうでしょう。開会式だって、国ごとに旗手が先頭になって整然と入場行進するんじゃなくて、閉会式と同じように皆がなんとなくわぁっと入ってきて、わあっと散って帰っていく。国旗と国歌をなくすだけで、国家ごとの争いという印象はずいぶん薄まると思います。

――表彰台でも、国旗掲揚と国歌吹奏をなくす。

山口　「私たちが目指しているのは、もはやそういうことではないんです」というメッセージですよね。もちろん、各選手は各NOCの代表ではあるんだけれども。

――IOCはそういう方向にいきますか？

山口　うーん……（長考）、いかないと思います。今のオリンピックは都市開催ですよね。次の2024年はパリで、2028年がロサンゼルス、2032年がブリスベン。では、サッカーワールドカップはどうかというと、次の大会はアメリカ・カナダ・メキシコの3カ国開催で、2023年夏の女子大会もオーストラリアとニュージーランドの共催でした。だから、オリンピックもそうやって複数国でやるのも一案ですね。

――東南アジアオリンピックを開催して、タイとマレーシアとカンボジアとラオスでやる、というような。

山口　そういうことができるようになると、「国の栄誉と威信を懸けて北京でやりました！」ということもなくなって、きっと開催可能な国も増えますよね。それぞれの都市が持っているモノを持ち寄ってやろうよ、ということになれば、なによりお金もかからなくなりますし。たとえば、カザフスタンはボクシングが強いんで「じゃあ、うちはボクシングやります」と言って、東京は「申し訳ないけどうちは武道館があるんで、柔道だけはやらせていただけませんか」とかね（笑）。そうすると、もしかしたら将来は北アフリカとヨーロッパの国の共同開催などの可能性も見えてくるかもしれない。

だって、今のやり方だと負の遺産が増えるばかりで。もはや手を挙げる都市がないんですから。

――立候補を取り下げる都市もありますしね。

山口　もう、今のような莫大《ばくだい》な経費を考えると躊躇《ちゅうちょ》するのもわかりますよね。オリンピックはインバウンド効果も高いから、複数国で開催すれば経費負担は分散され、経済効果は享受できて、むしろいいじゃないですか。

私も含めて、スポーツを研究し、スポーツに関わっている人たちは、そういう知恵を出すことが仕事だと思うんです。既存のものでずっとやっていくよりも、「こんなやり方もあるんじゃないですか？」「こういうふうにやれば、もっとスポーツが平和に貢献するんじゃないですか？」というふうに。

アスリートだって、東南アジアオリンピックになったからといって、何か困ることありますか？

――むしろ、いいことしかないような気がしますね。せっかくＡＳＥＡＮという社会的政治的経済的な枠組みがあるんだから、それを使わない手はないですよね。

山口　開会式や閉会式も、それぞれの場所でセレモニーをして、それが世界に放送されるのもきっと楽しいし、国際色もさらに豊かになりますよ。

スポーツとオリンピックの新しいありようを考える

――結局のところ、２０２１年の東京オリンピックだって、いったいあれは何だったのかということがいまだによくわからないんです。

山口　きっと、誰にもわからないんじゃないですか。１９６４年の東京オリンピックは、意味があったと思いますけれども。

――日本が高度経済成長に入って、敗戦からの復興とプレゼンスを世界に知らしめる作用はありましたよね。新幹線ができたり首都高ができたり、というインフラ面のプラス効果もありました。しかし、２０２１年のオリンピックはいろんな点で賛否が対立した大会で、「レガシー」という言葉だけはやる前からさかんに言っていましたが、結局誰も総括をしないままで、総括するにも、もはやその総括する主体が何もないというありさまです。

山口　今は、先進国こそ開催する意義をなかなか見出せないんですよ。１９６４年は日本が戦争で負けて焼け野原になったところから立ち上がってきた開催だったわけですが、スポーツが役に立つのは復興のときなんです。悲惨な戦争や紛争でボロボロになったところに、多くの人が入ってきて、自分たちには仲間がいることを感じ、立ち上がるエネルギーを得る、という役割を果たせるんですよ。

だから、たとえば今のウクライナはロシアに侵略されてひどいことになっているけれども、いつの日か平和が戻ったときに、スポーツによって、子供たちや人々を力づけて生きる勇気を与えることもできるでしょう。スポーツにはそういう効力があって、それこそ政治とはちょっと切り離したところでできることなんですよね。

ロシアとウクライナの関係にしたって、未来永劫《えいごう》ずっとああではない。指導者も代わって時間もたてば、いずれスポーツが必ず人々の役に立つときがくる。だけど、申し訳ないけど、それは今じゃない。そこまでスポーツに力はないんです。

――先ほど山口さんが言っていた、時間をかけてさざ波を起こし続けていく、ということですね。

山口　そうです。戦っている人たちに対して「スポーツをやって仲良くやりましょう」なんていうのは無理ですよ。さっき言ったみたいに、そこでスポーツで勝ち負けなんかつけようものなら、さらに血みどろの争いになってしまう。だけど、戦争が終わった後に、「やっぱり、仲良くするっていいことだよね」という何らかの力になることならできる。

だけど、2021年の東京オリンピックや次のパリには、オリンピックの理念である平和や友好のメッセージとして世界に訴える力があるでしょうか？　むしろ、今までオリンピックを開催したことがないアジアやアフリカの複数都市が共同開催のようなかたちで実施できれば、そこに参加するアスリートたちも主催都市もそれを観戦する世界の人々も、新しい経験や価値をきっと見出せるでしょう。

オリンピックとは、そういう機会を与えるものなのか、それとも、あくまでも派手できらびやかなお金がかかるお祭りなのか。そのコンセプトを、今のＩＯＣはうまく提示できていないと思います。オリンピックビジネスは成功しているので一度手にしたドル箱は手放せない、という状態にもなっていますよね。

——世界各地を転々としながら自分たちは開催地をダシにカネを吸い上げ、また次の開催地へカネをむしり取りに行く、というシステムのようにどうしても見えてしまうんですが。

山口　オリンピックって、元々は貴族のアマチュアスポーツから始まっていますから、やっぱり貴族の遊びなんですよ。ノブレス・オブリージュの精神で、自分たちが得たものを分け与える、というふうには一応なっていますけれども……。

——彼らが去った後はぺんぺん草も生えないですよね。

山口　でも、たとえば東京だと開催して赤字だったからといって、それですぐに経済が困窮するわけではありませんから。というよりも、そういうところでしか開催しないんですよ。都市がたとえ借金をつくったとしても、「いいじゃん、国民も喜んだし、投資なんだから」みたいなね。そんなやり方を続けているものだから、もう先進国の都市しか手を挙げないし、そこでしかやれない。

だったら、先ほども言ったみたいに先進国を中心として5ヶ国の都市で共同開催をするとか、何かそういう新しいコンセプトを出していかないと、そのうちどこも手を挙げなくなりますよ。

スポーツウォッシングという観点でも、国の思惑や関わりをいかに薄めさせていくか、ということを皆で考えていかないと、スポーツ本来の楽しさや自由がなくなってしまいますよね。

スポーツって本当はもっと自由で伸びやかなものなのに、先ほどのトランスジェンダーの問題もそうだけど、どんどん窮屈で小さくなってしまっているように見えます。排除するのではなく、どうすれば受け入れることができるのか、と考えることからコミュニケーションも生まれてきます。

その点では、ヨーロッパのほうが歴史的にもスポーツに対する懐の深さがあるような気がしますね。スポーツは社会にとって有益なロールモデルになり得るんだ、というふうに。

――人々がそうやってスポーツを観戦することで、世の中のインクルージョンに対する考え方もどんどん変わっていくでしょうしね。

山口　さっきのキツネ狩りの話もそうだし、将棋だって、勝負が終わったら感想戦というものがあるわけじゃないですか。死力を尽くした戦いの手の内を明かして、対戦相手との読み合いを楽しむという、何か余裕のようなものをそこに感じるんですよ。

将棋ってどんな年の差があっても、「負けました」って言うでしょ。あれは、戦う相手に対する最高のリスペクトですよね。そういうものを、彼らは私たちに発信してくれているわけです。私もいい年になってきましたので老害と言われないように教訓にしたいですね（笑）。

スポーツの世界も、勝ち負けにとことんこだわるのもいいけれども、勝負が終わったときには、将棋の感想戦みたいに互いに相手を評価して称え合う。その精神は忘れたくないですね。

――ラグビーのノーサイドって、まさにそういうことですもんね。

山口　そうそう。アスリートたちだって、そういうことを子供たちには言うんですよ、「負けてもいいんだよ」って。でも、「じゃあ、あなたは本当にそう思って競技をやっていますか？」って訊いてみたいですよ。

柔道でも、発展途上国の選手が頑張って日本の選手に勝ったりすることがあります。これだけお金をかけていて、減ったといっても柔道人口が多い日本が負けるのは恥ずかしいことかもしれない。でも、むしろその日本選手に勝った選手がすごくないですか？　報道する側だって、そういう視点に立ったほうがいいと思います。

――報道について言えば、競技者や組織に対して、どれだけナショナリズムから適切な距離を保つことができるか、ということも課題ですね。

山口　この間も卓球の世界選手権をテレビ観戦していたんですが、やはり中国は強いですね。その中国に対して、「中国にはまだ及びませんが、我々も頑張ります」と、そういう余裕のある応援をしたいですし、成熟した姿勢を目指したいですよね。中国やロシアなどの国でも、このようなかたちでスポーツが機能していけばいいなと思います。

――中国もロシアも、おそらくはそうではない方向にスポーツを利用して、国威発揚のツールとして作用させようとしているんでしょうね。

山口　日本がオリンピックで金メダルを数えるのは、どちらかというとそちらの作用に加担している行為なんです。そこを見誤らずに、淡々と頑張って勝った人は褒め、負けた人も称える。そういう姿勢を貫いていくことが、私たちの役割だと思います。それがお互いを高め合うということですから。

だからね、アヒルと一緒なんですよ。水面下では必死になって両足で水を掻《か》くんです、戦いだから。だけど水上では勝っても負けても涼やかな表情を崩さない、っていうのが理想ですよね。

——選手たちも、より成熟することが求められる。

山口　そうです。選手の側も国威発揚の戦略に乗らないように、勝ったら素直に喜ぶ、負けても潔く相手を称える。ウォッシングの道具に利用されないように、スポーツの世界をつくっていくしかないんですよ。「スポーツウォッシング」を仕掛けようとしたんだけど、アスリートや観戦している人たちのほうがずっと成熟しているから、全然乗ってこないじゃないか」という状態になっていくのが理想ですね。

——スポーツを取材する我々や日本のメディアも、「スポーツと〈政治〉を切り離す」という常套句で思考停止をするのではなく、その言葉が意味する中身についてもっと深く考察し、検証していく必要があるのでしょうね。それが、山口さんの言う「世の中に対してスポーツが小さなさざ波を起こし続けていく」ことの一環にもなるのだと思います。現場で取材をしていて常々感じることなのですが、日本のメディアも選手たちも、そこに対する踏み込みはまだまだ浅いように思います。

山口　そうなんです。だから、もっとアスリートたちにもこのような取材をして、質問をたくさん投げかけてください。問われることによって選手たちも自分で考えて成長し、それがやがて日本のスポーツ界が変わっていくことにつながるわけですから。

註

＊1　https://digital.asahi.com/articles/DA3S15491665.html

おわりに

本書で紹介できなかった個人的な取材エピソードを、最後にひとつ紹介しておきます。

２０２１年に二輪ロードレース界のスーパースター、バレンティーノ・ロッシが、自らがオーナーとなってＭｏｔｏＧＰチームを翌年に本格始動させる計画を明らかにしたときのことです。そのプランでは、チームのタイトルスポンサーとしてサウジアラビアの巨大石油企業がつく予定で、発表時には当然ながら、チーム名にその企業名が大々的に織り込まれていました。

この発表に対して、ロッシの母国イタリアをはじめとするヨーロッパ各国の取材陣は、「それはサウジアラビアのスポーツウォッシングに加担する行為なのではないか」と疑問を呈し、批判的な記事を次々と掲載しました。ロッシの少年時代から25年以上長い親交のあるベテラン記者も真っ正面から質問を投げかけ、答えに窮するロッシに対して追及を緩めることはありませんでした。

結局、この一件はうやむやのうちにスポンサー関係が立ち消えになり、イタリアの支払決済企業が正式なタイトルスポンサーとなることでなんとなく落着しました。

サウジ企業によるスポーツチームや大会などへのスポンサードが、即座にスポーツウォッシングを意味するわけでは、もちろんありません。しかし、これまで本書でずっと見てきたように、スポーツウォッシングという非常に現代的なトピックに対して敏感な記者たちが、スポーツ界のスーパースターに臆することなく対峙して質問を投げかける姿勢は、まさにジャーナリズムの本懐というべきでしょう。そこには、イタリアではローマ法王の次に有名といわれる人物に対する忖度は、微塵《みじん》もありませんでした。

さらに余談になりますが、第三章・フォーミュラEのくだりで紹介したサウジアラビアのムハンマド・ビン・サルマーン皇太子は、2023年9月にFOXニュースのインタビューで「GDPが1パーセント上昇するなら、私たちはスポーツウォッシングを継続する」「スポーツでさらにGDPを1・5パーセント上昇できるなら、その数字を取りに行く。（その行為がスポーツウォッシングと呼ばれようが）まったく気にしない」と、きわめて偽悪的かつ挑発的に述べ、[*1]この言葉はＣＮＢＣやＥＳＰＮ、ロイター、ガーディアンなど多くのメディアでも引用紹介されました。

翻ってこれが日本の場合だと、はたしてどうなっていたでしょうか。

たとえば仮に、国民栄誉賞レベルの元アスリートが何らかのスポーツ活動を立ち上げたとき、そのメインスポンサーとしてスポーツウォッシングに関連があると思われそうな、しかも、記事の取り扱いにセンシティブな組織がさりげなく絡んでいた場合、日本のスポーツ界やメディアは毅然とした態度でその点を追及しようとするでしょうか？　どんな結果になるのか（あるいは、どんな結果にもならない、といったほうが妥当かもしれません）は、あえていうまでもないでしょう。

そんなことを少し想像してみるだけでも、スポーツウォッシングに対する今の日本国内の耐性やリテラシーは簡単に類推できそうです。

本書の記述は、集英社のウェブサイト〈集英社新書プラス〉の連載記事として掲載されたものに加筆修正を施したものです。この取材を進めていく中で、第二部に収録した平尾剛氏、二宮清純氏、本間龍氏、山本敦久氏、そして山口香氏からは、取材時の一問一答から本書の原稿として文字に定着するまでの各段階で、多くの蒙《もう》を啓《ひら》いていただきました。篤《あつ》く御礼を申し上げます。また、連載開始から書籍化に至るまでの過程では、集英社新書編集部編集長東田健氏にひとかたならぬお世話になりました。

スポーツが人間社会の営みのひとつである以上、そこには何らかのかたちで〈政治〉との接点が必ず発生します。スポーツウォッシングという問題について何かを考えることは、スポーツと〈社会〉と自分たちの関わりについて考えることと同義です。人と人、人と社会の関わり方が多様化し複雑になればなるほど、スポーツと〈政治〉の関わり方も多様化し、今後はさらに複雑化してゆくでしょう。

現代のスポーツウォッシングは、1936年のベルリンオリンピックでナチス政権が行ったような、誰の目にもわかりやすい「露骨な絶対悪」として存在するものではありません。競技の認知度向上や地域振興、スポンサーの好感度上昇、世界の人々がスポーツを通じて繋《つな》がる一体感、といった健全な目的意識や大会開催意義が、その一面では社会に都合の悪いものを押し隠すための道具としても巧みに利用され、あるいは結果的に人々に対して「パンとサーカス」の作用をもたらしてしまう危うさを孕んでいるだけに、なおさら厄介な現象なのです。

この、非常に現代的でありながら、まるで鵺《ぬえ》のように摑みどころがなくも見えるものに、これからのスポーツはいったいどう向き合っていくのか。アスリートたちや運営諸団体と関係者、メディア、そしてファンである我々も、スポーツを愛し、スポーツをもっと愉しみたいと思うからこそ、それを真摯に問い直すことが今後ますます必要になってくるのだと思います。

スポーツを通じて、皆がいまよりもさらにもう少し、幸せになりますように。

2023年10月17日

西村　章

註

＊1　https://www.youtube.com/watch?v=KrmqY9hyCCw

引用・主要参考文献

ジュールズ・ボイコフ著、井谷聡子ほか訳『オリンピック　反対する側の論理―東京・パリ・ロスをつなぐ世界の反対運動』作品社、２０２１年
ジュールズ・ボイコフ著、中島由華訳『オリンピック秘史―１２０年の覇権と利権』早川書房、２０１８年
ヘレン・ジェファーソン・レンスキー著、井谷恵子・井谷聡子監訳『オリンピックという名の虚構―政治・教育・ジェンダーの視点から』晃洋書房、２０２１年
トマス・ハウザー著、小林勇次訳『モハメド・アリ―その生と時代』上・下、岩波現代文庫、２００５年
ノーマン・メイラー著、生島治郎訳『ザ・ファイト』集英社、１９７６年
Norman Mailer (1975), *The Fight*, Penguin Books
劉慈欣著、大森望・泊功・齊藤正高訳『円　劉慈欣短篇集』早川書房、２０２１年
Bradley Hope & Justin Scheck (2020), *Blood and Oil: Mohammed bin Salman's Ruthless Quest for Global Power*, Hachette Books
海老塚修『マーケティング視点のスポーツ戦略』創文企画、２０１７年
平田竹男『スポーツビジネス最強の教科書』東洋経済新報社、２０１７年
滝口隆司『情報爆発時代のスポーツメディア―報道の歴史から解く未来像』創文企画、２０１８年
鶴田友晴『国際スポーツイベント成功の舞台裏』ぴあ、２０２０年

平尾剛『脱・筋トレ思考』ミシマ社、２０１９年
平尾剛『近くて遠いこの身体』ミシマ社、２０１４年
清義明『サッカーと愛国』イースト・プレス、２０１６年
本間龍『東京五輪の大罪―政府・電通・メディア・ＩＯＣ』ちくま新書、２０２１年
本間龍『ブラックボランティア』角川新書、２０１８年
鎮目博道『腐ったテレビに誰がした？―「中の人」による検証と考察』光文社、２０２３年
山本敦久『ポスト・スポーツの時代』岩波書店、２０２０年
山本敦久編『アスリートたちが変えるスポーツと身体の未来―セクシュアリティ・技術・社会』岩波書店、２０２２年
小笠原博毅・山本敦久『東京オリンピック始末記』岩波ブックレット、２０２２年
山口香『スポーツの価値』集英社新書、２０２３年
『現代スポーツ評論』第46号、２０２２年5月
森田浩之『メディアスポーツ解体―〈見えない権力〉をあぶり出す』ＮＨＫブックス、２００９年
森田浩之『スポーツニュースは恐い―刷り込まれる日本人』ＮＨＫ出版生活人新書、２００７年
玉木正之『スポーツとは何か』講談社現代新書、１９９９年
アレン・グットマン著、谷川稔ほか訳『スポーツと帝国』昭和堂、１９９７年
アレン・グットマン著、樋口秀雄訳『スポーツとエロス』柏書房、１９９８年

その他、各章に出典を示した新聞社Ｗｅｂサイト記事、スポーツ関係諸団体プレスリリースなど本書は、ウェブサイト「集英社新書プラス」での２０２２年６月から２０２３年６月までの連載分に加筆修正の上、新書化しました。

西村 章（にしむら あきら）

一九六四年、兵庫県生まれ。大阪大学卒業後、雑誌編集者を経て、一九九〇年代から二輪ロードレースの取材を始め、二〇〇二年、MotoGPへ。二〇一〇年、第一七回小学館ノンフィクション大賞優秀賞受賞。二〇一一年、第二二回ミズノスポーツライター賞優秀賞受賞。著書に『MotoGP 最速ライダーの肖像』（集英社新書）、『再起せよ スズキMotoGPの一七五二日』『MotoGPでメシを喰う』（三栄）など。

スポーツウォッシング

なぜ〈勇気《ゆうき》と感動《かんどう》〉は利用《りよう》されるのか

集英社新書一一九〇H

二〇二三年一一月二二日 第一刷発行

著者……西村《にしむら》 章《あきら》

発行者……樋口尚也

発行所……株式会社集英社

東京都千代田区一ツ橋二-五-一〇 郵便番号一〇一-八〇五〇

電話 〇三-三二三〇-六三九一（編集部）
〇三-三二三〇-六〇八〇（読者係）
〇三-三二三〇-六三九三（販売部）書店専用

装幀……原 研哉

印刷所……TOPPAN株式会社

製本所……加藤製本株式会社

定価はカバーに表示してあります。

ISBN 978-4-08-721290-7 C0275

Printed in Japan

a pilot of wisdom

a pilot of wisdom

ノンフィクション――N

- 妻と最期の十日間　桃井和馬
- 鯨人　石川梵
- ゴーストタウン　チェルノブイリを走る　エレナ・ウラジーミロヴナ・フィラトワ　池田紫・訳
- 笑う、避難所　石巻・明友館136人の記録　頓所直人　写真・名越啓介
- チャングム、イ・サンの監督が語る　韓流時代劇の魅力　イ・ビョンフン
- 女ノマド、一人砂漠に生きる　常見藤代
- 幻の楽器　ヴィオラ・アルタ物語　平野真敏
- 風景は記憶の順にできていく　椎名誠
- 実録　ドイツで決闘した日本人　菅野瑞治也
- 「辺境」の誇り――アメリカ先住民と日本人　鎌田遵
- 奇食珍食　糞便録　椎名誠
- 橋を架ける者たち――在日サッカー選手の群像　木村元彦
- ナチスと隕石仏像　SSチベット探検隊とアーリア神話　浜本隆志
- 堕ちた英雄「独裁者」ムガベの37年　石原孝
- 癒されぬアメリカ　先住民社会を生きる　鎌田遵
- 羽生結弦を生んだ男　都築章一郎の道程　宇都宮直子
- 花ちゃんのサラダ　昭和の思い出日記　南條竹則
- ある北朝鮮テロリストの生と死　証言・ラングーン事件　羅鍾一　永野慎一郎・訳
- 原子の力を解放せよ　戦争に翻弄された核物理学者たち　浜野高宏　新田義貴　海南友子
- ルポ　森のようちえん　SDGs時代の子育てスタイル　おおたとしまさ
- シングルマザー、その後　黒川祥子
- 9つの人生　現代インドの聖なるものを求めて　ウィリアム・ダルリンプル　パロミタ友美・訳
- 財津和夫　人生はひとつ　でも一度じゃない　川上雄三
- ルポ　虐待サバイバー　植原亮太
- スタジオジブリ物語　鈴木敏夫　責任編集

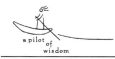

スーフィズムとは何か　イスラーム神秘主義の修行道
山本直輝　1177-C

伝統イスラームの一角をなす哲学や修行道の総称スーフィズム。そのよく生きるための「実践の道」とは？

若返りホルモン
米井嘉一　1178-I

病的老化を止めるカギは最強ホルモン「ＤＨＥＡ」にある。最新研究が明らかにする本物のアンチエイジング。

日本が滅びる前に　明石モデルがひらく国家の未来
泉　房穂　1179-A

超少子高齢化や大増税で疲弊感が漂う日本。閉塞打破する方法とは？　やさしい社会を実現する泉流政治学。

アントニオ猪木とは何だったのか
入不二基義／香山リカ／水道橋博士／ターザン山本
松原隆一郎／夢枕　獏／吉田　豪　1180-H

哲学者から芸人まで独自の視点をもつ七人の識者が、あらゆる枠を越境したプロレスラーの謎を追いかける。

絶対に後悔しない会話のルール
吉原珠央　1181-E

人生を楽しむための会話術完全版。思い込み・決めつけ・観察。この三つに気を付けるだけで毎日が変わる。

疎外感の精神病理
和田秀樹　1182-E

コロナ禍を経てさらに広がった「疎外感」という病理。精神科医が心の健康につながる生き方を提案する。

「おひとりさまの老後」が危ない！　介護の転換期に立ち向かう
上野千鶴子／髙口光子　1183-B

日本の介護に迫る危機にどう向き合うべきなのか。社会学者と介護研究アドバイザーが「よい介護」を説く。

スーザン・ソンタグ「脆さ」にあらがう思想
波戸岡景太　1184-C

〝反解釈・反写真・反隠喩〟で戦争やジェンダーなどを喝破した批評家の波瀾万丈な生涯と思想に迫る入門書。

男性の性暴力被害
宮﨑浩一／西岡真由美　1185-B

男性の性被害が「なかったこと」にされてきた要因や、被害の実態、心身への影響、支援のあり方を解説する。

死後を生きる生き方
横尾忠則　1186-F

八七歳を迎えた世界的美術家が死とアートの関係と魂の充足をつづる。ふっと心が軽くなる横尾流人生美学。